婚商

梁雅骊 著

Marriage Quotient

定位，幸福扑面而来

图书在版编目（CIP）数据

婚商：定位，幸福扑面而来 / 梁雅骊著. —北京：华夏出版社, 2014.11（2018.8重印）
ISBN 978-7-5080-8235-6

Ⅰ.①婚… Ⅱ.①梁… Ⅲ.①婚姻–通俗读物 Ⅳ.①C913.13-49

中国版本图书馆CIP数据核字(2014)第225348号

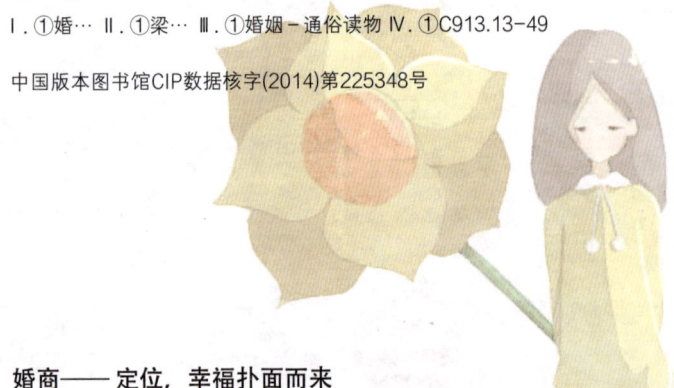

婚商——定位，幸福扑面而来

作　　者	梁雅骊
责任编辑	陈　迪　王占刚
出版发行	华夏出版社
经　　销	新华书店
印　　刷	北京市华宇信诺印刷有限公司
装　　订	三河市少明印务有限公司
版　　次	2014年11月北京第1版　2018年8月北京第2次印刷
开　　本	880×1230　1/32开
印　　张	8.25
字　　数	120千字
定　　价	35.00元

华夏出版社网址：www.hxph.com.cn　地址：北京市东直门外香河园北里4号　邮编：100028
若发现本版图书有印装质量问题，请与我社营销中心联系调换。　电话：（010）64663331（转）

特别感谢

谨以此书献给我生命中最挚爱的老公 Ken Davis，以及刘煊瞳、梵殷、Jonathan，他们同样倾注了全部的心血，做了很多琐碎的工作，给我的写作提供了无限的滋养、陪伴、呵护与爱，如果没有他们的全力支持，这本书便无法这么快面世并与你分享！

自序

当你的婚姻不再随缘,而是量身定制……
当婚姻这笔投资不再贬值……

前一段时间,我接受中国顶级奢侈品杂志之一《嘉人》的专访,专访的主题为:定制幸福婚姻。那期专访一经推出,马上就在读者中掀起了一股热议,短短三个月,我接到了上千封读者的邮件,他们急切地找我探讨婚姻的随缘与定制……

说到随缘与定制,我脑海中闪现出一幅场景:

那时,我还在读小学五年级。有一天放学,还没走进家门,我就看到父母和邻居在唠家常。看他们谈论得那么兴高采烈,我也忍不住想凑近了解到底发生了什么事,于是我马上搬了个小板凳坐在一旁倾听。

原来父母想给家里添置一套家具,但是到底该买什么样的家具让他们犯了难……可支配的费用一共只有3000元,如果买一套普通的板式家具,要1000多元,马上就可以买到;如果想定制一套红木的家具则要5000多元,而且必须提前预约。

当时家里条件有限,父母每个月的工资加起来才800元多一点,他们省吃俭用四五年,才攒下这几千块钱。父母权衡了一个月,最后还是忍痛割爱买了普通的家具,而邻居张叔叔却以投资家的眼光,举债给自己定制了一套红木的家具……

充满戏剧性的是,20年后的今天,我家的那套家具早已像垃圾一样,被丢弃而不知所踪,而邻居张叔叔家的红木家具则已升级为奢侈品级别的宝贝,据说卖价已经超过100万元,整整升值了200倍。耐人寻味的是,这套红木家具仍在使用中,随着时光的流逝,成了一件价值不菲的奢侈品,被小心呵护、细心保养、用心珍藏……

看到这里,不免让人心生很多感慨,这就是随缘与定制的本质区别：一个被贬值成了废品，一个则升级成了典藏级的珍宝。就像投入一段感情，爸爸妈妈当年买家具的时候，也是全情投入，去了三次家具店精挑细选，差不多为其花了家里大半的积蓄。20年后的今天，当这些家具被新的家具取代的时候，家人的心里仅仅惋惜了那么几秒钟，之后马上被新家具吸引，它们就被彻底地丢弃并遗忘了。而邻居张叔叔的家具却像宝贝一样被呵护、珍惜，连擦拭的工具都从抹布升级成了丝质的手绢，成了被珍藏的经典，二者的结局是如此迥异！

其实这跟很多女人的命运是多么的相似，仔细想想，我们的每段爱情和婚姻难道不都是从美丽的缘分和动人的感觉开始的吗？至少在当初那一刻我们彼此认真爱过，全情投入过，可是这些美丽的感觉后来怎么会变味了呢？当曾经喜欢的人义无反顾地离开自己的时候，你是否实实在在地体验到了被伤害、被贬值、被淘汰，甚至是被遗弃的味道？

这种感觉我实实在在地体验过，就像我家里被淘汰的家具，多么相似的 20 年的付出……

你会发现随缘的人生永远跟贬值捆绑在一起，随着岁月的流转，时代的变迁，最终的结局很可能是被忽视、被劈腿、被淡忘，直至被随手丢弃。

邻居张叔叔家里被珍藏的红木家具，经历的却是截然不同的轮回，从最初的保值到最终逃离贬值，得到一生的珍重与照顾，随着岁月的流逝，沉淀为一件不老的奢侈品，持续活在增值的世界中，经历的是怎样不同的一生？最初艰难的抉择，最后满心欢喜的收获。

想想现实里，多少女孩就深陷在这样一份不明的伤痛里，一开始因为甜蜜而倾尽所有，追逐随缘的脚步，一不小心，随缘成了噩梦的序曲，随缘随成了剩女，随缘随成了未婚妈妈，随缘随成了超过 35 岁的"剩斗士"，随缘随成了小三的牺牲品，这些总让人内心不由地生出某种痛……

追逐幸福婚姻的旅程里，除了随缘和感觉好之外，是否还应该有一些我们必须知道却确实没有掌握的智慧？到底是什么阻碍了我们的幸福？

现代社会，很多高智商、高情商的精品女人，不仅有高学历、高收入，也有良好的人际关系，却唯独过不了恋爱和婚姻这一关。无奈之下，大多数人只好选择随缘，婚姻跟着感觉走，殊不知，随缘只是婚商低下的借口。

在中国，女人的适婚年龄非常短。转眼一过28岁，麻烦就来了，想快速找到合适的人结婚就如爬山，年龄越往上走，越艰难。同时，女人的婚姻更是错不起，想通过离婚来纠正错误，重获幸福婚姻，一点不比人类登上月球容易，如果再有一个孩子，那她可真成了人们眼中的"困难户"。

其实，女人们在婚姻这件事情上根本随不起缘，随缘的代价太大。从小到大，我们被教导了太多的知识和技能，却很少有人教我们如何有智慧地去爱，如何经营高品质的婚姻，如何定制自己理想的幸福，大部分人不敢奢求定制幸福，就是因为缺乏婚商教育，只能在旧有的痛苦模式里打转。

核心就一句话：量身定制的不是婚姻，是一个生命对另一个生命的关爱与敬畏，是一个生命对另一个生命的托付与交给。面对如此伟大的一个生命，生怕自己的能力不足，不能够爱好对方，不能成就所爱之人的圆满，而心中升起无限的爱与慈悲，这就是婚姻的真谛。

婚商教育对于我们这个忍辱负重的民族显得尤为重要！

这本书是为即将或已经步入恋爱或婚姻，并且对幸福有追求的精品女人所写的一本定制私属幸福的工具书，致力于让男人女人拥有婚商智慧，成为自己幸福的设计师。拥有这般智慧的人必将成为婚姻关系中的奢侈品。

一个人一辈子能否幸福，快速转换境遇，获得成功，就看你的大脑中是否装入了真正有效的思维软件。生命的拼杀是思维模式的拼杀，自我的消亡也是从思维模式画地为牢开始，无论是爱情、婚姻，还是事业，甚至是生命……

思维模式决定一个人未来的一切！

奢侈的本质由定制而来！

不是所有的花儿都适合肥沃的土壤，仙人掌的乐园就是沙漠。人生的成败不在于环境的优劣，关键是你能否选对位置。定位就是选位置，一个放错自己位置的女人，生命从这一刻就开始枯萎，贬值是逃不开的轮回。这同样适用于婚姻关系。

在中国的封建意识里，女人在时间轴上是最容易贬值的。曾经有位女士很无奈地问我："雅骊老师，为什么20岁的男人喜欢20岁的女人，40岁的男人也喜欢20岁的女人，而60岁的男人依旧喜欢20岁的女人？"

这个让很多女人不知道输在哪里的疑问，从古至今一直困扰着她们。或许是为了让自己保值，现代很多精英女性用工作体现自己的价值，越来越独立，不再依赖男人。然而，外在的华丽掩饰不住内心的凄凉，加之婚外情的泛滥，更让女人们四面楚歌。

男人喜欢长不大的女人，这是我们这个民族永远的痛……

中国女性适婚年龄段很短，超过28岁就会加速贬值，嫁得好这件事就越来越困难了。28岁之后，女人通常处在焦灼中，心中充满无限期待，现实却很骨感。

男人却不同，他们不会被时间、年龄所困扰，有经历的男人反而更有选择权。相比而言，离婚后的女人更是在多个层面被贬值。中国女性再婚率很低，统计结果显示，离异后能够幸福再婚的女性不到5%。然而，超过80%的离异男人却可轻易再婚。但女人却是在绝望中被迫体验单身"潇洒"，多数人会对未来产生深深的恐惧，甚至绝望，再次拥抱幸福的希望越来越渺茫。

是什么导致了这种特殊的社会现象？答案是几千年来集体潜意识和紊乱的信念导致的失衡。要让女人走出这个劣势，把幸福的主权收回自己手里，最重要的就是建立个人品牌的定位意识，重塑信念系统，唤醒持续经营幸福的能力。局中人难以做到，必须借助婚商这门智慧，破念、立念、定念。

　　上帝造人时，就让女人因爱而生。现代很多精英女性越来越独立，不再依赖男人，刘晓庆也说过："女人只有征服了世界，才能征服男人。"虽然独立、体面了，但从两性关系的根本来说，还是透着深深的悲凉与无奈。在她们没有遇见婚商之前，这已经是无奈中最好的选择。

　　幸福，真的那么难吗？只要你敢于坚信，凡事都有应对的方法，生命的转机即刻呈现。女人在年龄上的贬值，本质上是思维与价值观的问题，那么内在的问题必须从内在中寻求答案，定制的意义就在于：找到自己的定位，清楚自己要什么，唤醒内在强大的精神力量，明确正信念体系，拿回生命的主动权，经营持续增值的幸福。从此，做自己喜欢的自己，成为生命的奇迹！

　　而透过本书你会看到，我的学生们却是这个时代透过与男人的幸福连接成就自己安全感的魔力女人。她们依然对男人有爱、有信、有全然的托付，并且她们也同样独立、成功，甚至能够托起男人的灵魂，彼此滋养。她们真正解锁了海灵格关于两性幸福的密码："女人完全能够孕育一个伟大的男人，男人自然会彻底地服务于他钟情的女人。"她们深深地领悟了造物主造男人和女人的初衷，摆对了阴与阳的位置。听得懂、看得清、想得明的人有福了。

中国正处于飞速发展的阶段，动荡的气息撩动着人们的心，于是，劈腿、婚外情的现象越来越多见。若要幸福有保障，就必须借助定位的智慧，构建幸福家族的蓝图，这就需要女人建立强大的精神世界和明晰的价值观。一个内心强大的智慧女人就是幸福家庭的"定海神针"！

其实，幸福与你只有一步之遥，就如天堂与地狱只在一念之间，一念即天堂，一念即地狱。一个没有定位的人时时品尝的是焦虑和苦闷，被恐惧绑架，与内疚为伍，这就像一个永不停歇的诅咒，把能量耗尽。一个人只有找准自己的定位，内心才会拥有稳定、强大的信念，根才扎得坚实，她自然能做到，任它山摇地动，我自玉树临风，畅享人间美景。

当你不能呈现美好的状态时,你就像是在宣告:你被生活打败了,你被时间打败了,你被手中的工作打败了,你被孩子打败了,你被世俗打败了。

如果一个女人老是说:"我太忙了,真没时间考虑定制幸福这件事。"其实,隐藏在后面的语言就是:"你并不胜任你的工作,因为它让你焦头烂额;你并非能干的主妇,以致什么都一团糟;你的生活并不富足,以致没有任何休闲……你不仅是一个在幸福上缺乏的人,还是一个在各方面都缺乏的人,所以必须疲于奔命……"

我们如何对待自己的幸福就是我们人生的写照。什么才是幸福?幸福就是坐拥自己生命的油田,随时随地活在一种不被打败的状态中,随时随地都能绽放美好!

一个最好的你,在任何情况下都应该是有价值的,都应该是被尊重的、被喜爱的!因为一个有智慧的女人从来不活在别人的嘴里,也不活在别人的眼里,更不活在别人的评论里。一切识自本心,照见自我的本性,既不谈妄语,也不起妄缘,放松到无心无为,自由自在,动静自如。生活的当下就是修行。人,不能以假示人,假了难以交心。人生最大的痛苦就是心无归属,不管你觉不觉知,承不承认……

婚商：让你的幸福自有底气

生命之所以伟大，缘自你的一切都是你创造出来的结果，而清晰定位能帮你创造伟大与幸福。定位清楚，你才有能力、有智慧定制属于自己的幸福。定制幸福最大的魔力就是幸福感的持续会唤醒巨大的生命力，一旦找到幸福感的源泉，你就找到了生命的油田。

人生就像两个修炼的道场，要么在职场得到圆满，要么在婚姻中得到圆满。仔细想想职场中追求的是先升职还是先升值，你就会明白，幸福到底应该追求随缘还是定制，这是每个女人生命中都会面临的人生课题。人生一定会经历一种结局，要么贬值，要么增值。幸福要么选择随缘，无可奈何花落去，要么选择将命运掌握在自己的手中，定制到增值的幸福，永远为鲜活绽放的人生预留接口。

这是每个人一辈子都逃脱不了的未来……

人生最大的悲哀不是没有学习，而是没学到根本，要是不能从根本上解决问题，学再多都苍白无力；人生最大的风险不是不学习，而是学错东西，要是没学对，学得越多，死得越快；人生最大的死穴，不是不学习，而是学了无法使用，从而形成很大的障碍。

凡事必须找到核心，从本源进入，然后输出体验，再伟大的经典记录的都是过去的辉煌和结论，只有立足当下，绽放的才是当下的智慧，对接的才是当下的人文。《婚商》传播的就是原生态的智慧，立足于帮助对生活品质有追求、不认命的女人，解决她们当下最急迫的问题，碰撞出最符合当下的婚商智慧，为幸福的婚姻提供无限的养料，最大程度地降低消耗和成本，坐拥启动幸福感最快的发动机！

那么，究竟什么是婚商呢？婚商就是定制幸福伴侣，锁定幸福婚姻，兴家望族的一种智慧！掌握婚商的女人，自有底气。如果你不能成为一个男人精神世界的守护者，你注定会被逐出他的世界……

如果朋友是你一生不可或缺的宝贵财富，那么，婚商就是时时刻刻陪伴自己的贵人,她开足马力只为让你幸福。

请如同爱护眼睛一样爱护自己的个人品牌定位,武装自己的婚商,因为有了她的激励和帮助,你才会战无不胜,一往无前。人生的奥妙之处就在于,幸福的婚姻可以定制!幸福的家族可以定制!幸福的人生可以定制!

让我们一起学习婚商,精通定位,打造属于自己的杀手锏,从此把喜欢的男人稳稳地留在自己的世界里,慢慢地享受幸福。也许,下一个拥抱幸福的就是你!

婚商之母　梁雅骊

2014 年 7 月于上海

目录
CONTENTS

Chapter1
定位:许我真正幸福的婚姻

——痛,也没有选择。

许我野蛮生长的幸福 002
许我破裂的婚姻 005
许我被病魔侵蚀的身体 008
许我饱含力量的心灵 012
许我真正幸福的婚姻 015

Chapter2
定位:幸福的要诀

——幸福都去哪儿了?

幸福都去哪儿了? 026
要诀:幸福定位 030
有了圈子,依然没有爱情 039
快速行动,抢得先机 042
做他心里的第一个 046

Chapter3
定位：做最美的你

——世界上最遥远的距离在哪里？

最遥远的距离 052
让你爱的人为你打开幸福的门 058
最美的你：给你爱的人最好的爱情 063
在幸福的彼岸如花绽放 068

Chapter4
定位：永不苍老的爱情

——是什么苍老了我们的爱情？

一条棉被和一碗鸡蛋面的幸福 086
是什么苍老了我们的爱情？092
安住我们胡思乱想的心 097
幸福是需要经营的 111

Chapter5
定位：让婚姻从成功走向成功

——人们都说"失败是成功之母"，我却不以为然。

从成功走向成功 122
心有灵犀一点通 126
活出最美的自己 136
做幸福的主人 141

Chapter6
定位：瞬间转念，华丽转变

——有什么样的心就会有什么样的境，自然就会结什么样的缘。

自我放逐与虚幻的城堡 150
让人生充满色彩 157
凤凰涅槃 161
修成正果 168

Chapter 7
定位：赞美的智慧

—— 幸福，你真的认识它吗？

幸福，你真的认识它吗？ 178
破碎的梦境 184
找到自己的位置 191
破茧成蝶 197

Chapter 8
定位：心灵匹配

—— 你学会如何灌溉你的幸福了吗？

错过的时光 210
为自己充电 217
迟来的幸福 230

Chapter 1
定位：许我真正幸福的婚姻

——痛，也没有选择。

许我野蛮生长的幸福

我出生在东北的一个小县城，父母都是普通的工人，家里子女三个，我下面还有一个弟弟和一个妹妹，家庭经济条件不能说好，也不能说坏。在我五岁的时候，父母离异，很传统的中国式离婚：父亲在外面有了外遇，母亲在诸般痛苦的挣扎后无奈地选择了离婚。幸运的是，母亲争取到了我和弟弟的抚养权。

后来，母亲带着我们进入她的第二段婚姻。在那个年代，人们的思想很保守，重男轻女的思想深入人心，我的继父也不例外。我是老大，又是女儿，所以继父并不喜欢我，很少给我笑脸，我也很少和他沟通、亲近，甚至对他有些畏惧，但毕竟同在一个家庭，我不想母亲夹在中间为难。

母亲说："雅骊，无论将来想要什么样的人生，你都要自己努力，你必须脚踏实地，一步一个脚印，非常用心。只要你持之以恒地去做，你一定能得到你想要的。"这些话一直鼓励着我。那时候，我常常想："如果时间过得快一些就好了，这样我就可以早一点长大，早一点独立，早一点走出去了。"

初二的时候，我如愿以偿，终于可以离开这个让我感觉自己像个局外人的家，在外地继续我的学业。父爱，对 13 岁的我来说，是一件奢侈品，更确切地说，它让我渴望得到，又害怕接近。我曾在脑海里勾勒出一个完美的慈父的模样，但那仅仅是梦，尽管心中充满无限遐想，伸手却遥不可及。

慢慢地我长大了，情窦初开。我更希望得到和别的女孩一样的宠爱，可我渐渐发现，当你越是对幸福充满渴望，而现实却越骨感的时候，那种失落感会变得更加强烈。有时候，就像一棵被剥了皮的树，难以想象，在春天它会迎接怎样的命运。其实，我需要的并不多：梦里的父亲伸出手抚摸我假装坚强的"外壳"，接受内心羸弱的我，告诉我："女儿别怕，有我在。"这就足够了！

在那个严重缺乏父爱的年纪，我遇到了比我大两岁的他：善良、体贴、英俊。他像一颗带着"毒药"的子弹，准确地击中了我内心深处父亲的位置。他经常约我一起出去玩，晚上一起吃饭，甚至还会买好饭菜等我，晚上护送我回宿舍。生活中这些小小的细节深深地打动了我。

那时候，我不知道这是不是爱情，但他为我做的一切融化了我，于是我把自己许给了他，顺其自然地和他走进了婚姻。但是，顺其自然的婚姻，不一定能有顺其自然的幸福——这正是很多不幸婚姻的导火索……

定位：许我真正幸福的婚姻

Y 雅骊
语录

顺其自然的婚姻，不一定能有顺其自然的幸福，这正是很多不幸婚姻的导火索……

许我破裂的婚姻

我害怕生活的不可知,因此,我希望生活向上走,而他却停下脚步,安于现状。

他是一个好人,厚道、实在,但人无完人,上帝少给了他一样东西——男人该有的事业心。而我,可能是小时候的生活环境使然,养成了事事积极乐观、遇事放手一搏的性格。生活这张无形的网越收越紧,如果你不主动去突破,不主动去争取,你就会成为生活的猎物,渐渐失去激情与梦想。

我希望离开家乡,趁着我们还年轻,走出去,体验这个美丽的世界。我和他商议,去北京、上海或广州这样的一线城市闯闯,我们不一定马上就能大富大贵,但至少有个机会可以一边学习,一边实践,即使没有成功,也能开阔视野、增长见识、丰富阅历。

我说:"在这里,即使你是龙,你也得蜷缩着,你也得弯着。在那些大城市,即使你是虾,你也可以施展拳脚,跃入你想要的世界。"

我坚信:这个世界只有走出来的精彩,绝没有等出来的辉煌。可他既不是龙,也不是虾,他觉得现在挺好的。最后,我们达成共识:

我先出去,他留下来。

于是,我在女儿一岁半的时候,毅然离开了家乡,孤身一人去了北京。

北京是我一直以来梦寐以求的地方,这里有我期待的世界,有我可以追逐的美丽,有我可以收获理想的土壤。我坚信在这片土地上付出的努力一定会开花结果。

从踏上这片土地的第一天起,我就告诉自己:一切全力以赴,只许成功,不许失败。不久,我便在一家金融公司扎下根来,成为客户部门的主管。

三年的时光眨眼即逝,我依然在为梦想努力爬坡,他却一直不愿意出来和我一起拼搏,他的理由太多了,总是多过我苦口婆心的劝说。

铁打的心也总有融化的时候,后来,他终于愿意迈出第一步,从老家走了出来,这让我充满了希望。我以为,只要他迈出这一步,成功就伸手可及了。然而,我做梦都没想到,这一步却成为他彻底放弃的开始。

他来北京了,却因为面试的过程费了一些周折而失去了信心。这点事对我来说,可能早在预料之中,天底下哪有一切都顺心顺意的事情;可这对他来说,却是一个致命的打击,他又回去了。从此,再也不愿做任何尝试。

信念的分歧带来了无法跨越的鸿沟，而且随着时间的流逝，彼此的距离越发遥远。

从此，我们聚少离多……

漂泊与扎根是不同方向的路标，每个人选择不同的道路，种下不同的种子，结出不同的果。今年的芬芳代替不了去年的灿烂，正如逝去的时光再也修饰不回原来的颜色。

这样的生活又持续了五年。终于，他提出了分手，可是，在办理离婚手续的路上，他后悔了，他不舍。我看着他纠结、痛苦的样子，我的心也软了。

可是，时间终究难以填补信念差异导致的裂缝，两个人的距离越来越远，拖延只会让矛盾越积越大。我们的关系并没有因搁置离婚而得到改善，爱情像是快要过期的黏合剂，使得我们若即若离，时好时坏，分分合合，这样的关系让彼此苦不堪言。

我们还是没有逃过离婚的命运，长痛不如短痛，我们不得不选择这个结局。和平分手已经是不错的结果，总好过形同陌路，老死不相往来。

痛，也没有选择。

许我被病魔侵蚀的身体

命运是如此作弄人，我曾经身处离异的家庭，如今，我的女儿也将面对同样的局面。这是我无法穿越的痛，因为我对婚姻的无知，导致女儿没有机会享受完整的家庭幸福。

单亲妈妈不易做，我不仅要照顾女儿，还要背着工作这个沉重的担子。那段时间，我在做外盘，主要是国外的外汇、期权。如果你接触过这个行业，就会明白这个行业的残酷，尤其是对于工作在中国的从业者的身体。

这是一个真金白银的世界，手起键落就是钱，一旦一个决策失误，可能满盘皆输。在瞬息万变的市场里，变化支配着一切。

此前，我并没有接触过这个领域，为了给自己充电，我奔走于国内外不同的城市，跟着不同的老师学习。刚开始，像我们这样的新手难免会心急，但这个领域并不是你想快就能快，想慢就能慢的。它对个人的悟性、能力要求都非常高，甚至要求从业者内心必须非常"强悍"。

我做外盘一直做到 2005 年——它不像内盘，内盘通常早上 9 点开盘，下午 3 点收盘。外盘都是北京时间晚间开盘，从业者必须守在电脑前，紧盯着数据，一刻也不能走神……

这样的生活，把人都变成了"夜猫子"。当生物钟被彻底打乱时，你收获的将不仅仅是"熊猫眼"，还有让人恐惧的病魔……

做外盘的日子里，我每天的睡眠只有四个小时，四年一直如此。这种高强度的工作，终于让我的身体出了问题。

2005 年 3 月，公司的一次体检让我坠入谷底，我被宣判得了癌症。医生告诉我，我得的是绒癌，很可能是恶性的。一切来得这么突然，让我措手不及，这犹如晴天霹雳的消息打乱了我的一切。不过我很快冷静下来，做了最坏的打算。我瞒着母亲，以要出差为借口，召集了亲人来家里相聚，只是悄悄地把这件事告诉了妹妹。

我知道我是家里的顶梁柱，我不能倒下，我不能死，我也不允许自己死。我发誓，我一定要活下去，为了整个家……

为了能活下去，我在网上搜集了好多关于绒癌的资料，也查找了中国治疗癌症的权威医院。第二天，天还没亮，我就跑到医院去排队。由于专家号难挂，我甚至在我曾经最痛恨的票贩子手中买了一个专家号。

做了一系列的检查之后，我回家等待结果。这段时间的煎熬让我就如热锅上的蚂蚁。化验报告出来了，看着上面高得吓人的指标，我马上挂了第二天的专家号。我依旧是第一个到医院，第一个见医生。

我从医生异常凝重的神色和沉重的口气里捕捉了"病危"这两个字。当这两个字真正地从医生口中说出来的时候，我突然间觉得眼前一黑。

我呆愣在那里，满脑子都是我的女儿和我的母亲。如果我死了，我的女儿该怎么办？我的母亲该怎么办？如果我倒下了，她们可怎么活……

眼泪终于很不争气地掉了下来。明明我想要坚强，明明我不想流泪……

家人的身影一个一个在我眼前浮现，我曾经答应过女儿，要带她去欧洲旅行，带她去看法国的卢浮宫、英国的大本钟。我还答应她要带她去美国的科罗拉多大峡谷，看这个世界上最美丽的风景，去认识那些最幽默、最快乐的人。

我也答应过母亲，在她60岁的时候，带她去看非洲的大草原，去看这世界上最后一块没被污染的净土。我绝对不能死，我已经答应了她们，我一定要带她们去……

我还从没真真正正享受过一个男人完完整整的爱，从没被喜欢的人用心呵护和宠爱过。如果我就这样死去,那我的 35 年不就真的白活了。

我不能就这样死去,我不能就这样被癌症打倒。我要积极配合医生的治疗,于是,咨询了医生后,我回家做住院的准备。

住院前我一直惶惶不安,甚至跑去酒吧发泄。发泄过后,我在心里对自己说:"从今天开始我要从绝境里站起来,我要活着回来,我要把自己从死神手里抢回来。"

虽然医生对我判了"死刑",但是我感觉死神应该不会"眷顾"像我这么疯狂追逐自己梦想的人。我安慰自己:"我这么积极向上,我这么愿意付出,我内心这么有力量,上帝一定不愿意现在就召见我,我坚信他应该更愿意看到我把快乐带给更多的人。"

> **Y 雅骊语录 YA LI YU LU**
>
> 这是一个真金白银的世界,手起键落就是钱,一旦一个决策失误,可能满盘皆输。在瞬息万变的市场里,变化支配着一切。

许我饱含力量的心灵

我战战兢兢地走进医院，走进了那个阴森恐怖的地方。

化疗的过程既恐怖又痛苦。看着那些因化疗而苍白了头发和眉毛的人，我心里有了些许的害怕。这似乎预示着我的命运。

前期治疗我几乎都在恐慌中度过，我不能预期治疗的结果，不知道未来会是什么样子，也不知道治疗要到什么时候结束。所以，我每天都是在这种惶惶不安中度过的，人越来越累，心越来越不安，身体越来越衰弱……

就在我状态最差的时候，女儿出现在了我的病床前。她守在我身边给我讲故事，告诉我要坚强、勇敢。她说："妈妈，只要你不放弃你自己，谁也不能把你从我的生命里夺走，癌症一定杀不死你！"

我们经常听到有人说，自己的人生因为有贵人和导师的出现而产生重大的转折，他们会在你需要做出重大抉择的时候指引你人生的方向和路径，这个指引有时候可能仅仅是一句话、一个拥抱，甚至一个眼神。那一刻，我女儿就是我的贵人，是我这段艰涩旅程的导师。那一刻，希望的天窗打开了……

我在心里默默告诉我自己："一个 12 岁的小女孩都能用这么充满智慧的方式指引我，我一定要让自己完完整整地从这场疾病中站起来，活着回来。如此可爱、懂事的女儿，我怎么能把她独自留在尘世间？我一定要回到我女儿的身边。"

朋友的关怀也如及时雨一般滋润着我的心田，他们在我最困难的时候给我最大的支持和鼓励。他们知道我的胃口不好，于是到处找些秘方来帮助我增强免疫力。

我开始学着苦中作乐，每天都会听一些舒缓、欢快的音乐，让自己因治疗被折磨得疲惫不堪的身心得到片刻的放松，舒缓化疗给身体带来的不适。

奇迹的发生，就从音乐开始了……

一盘朋友带给我的《心经》音乐集，触发了我生命中那个不可思议的奇迹！

那段音乐仿佛化成了一束光投射在我的头顶，顿时我浑身泛起阵阵暖意，非常舒服。

每次听《心经》，我都在心中观想：有束神圣的光照在我的身上，它像 X 光扫描仪一样，缓缓地在每个细胞上扫描，每个细胞就像一盏小灯，一盏一盏被点亮，每一盏都是通透的、明亮的。我想象着光在我的身体上持续不断地扫描，如果我浑身上下通体透亮，那就代表我没有毛病，它就这样慢慢地照射，把阴影都驱散……

我每天都这样想，边听音乐，边用头脑中的神圣之光来修复自我，同时我也积极配合医生的治疗，该休息的时候好好休息，该吃东西的时候好好吃东西，争取不吐一口。

医院的日常治疗与我自己设计的"光束冥想"成了我每天的必修课。没想到这一方法渐渐起效了，我体内的阴影在渐渐地消退。

终于，奇迹发生了。两个半月以后，我再去照 CT，医生非常兴奋地告诉我，我身上的阴影已经消失不见了，我的癌细胞已经消失了。又继续治疗了 3 个疗程，我完全康复了。

这就是奇迹，当一个人把相信推升到信念，再把信念推升到信仰的时候，奇迹就会发生！我的幸运来源于我的勇敢和坚持，因为我相信奇迹，所以，奇迹就发生在我身上。

经过了生死体验，我逐渐相信了一点："信念是有力量的，心灵是有能量的。"所以，我相信天底下每一个女人都同样具备这种神奇的"心灵能量"，它不但可以用来治病，还可以用来改造自己的人生与命运。

许我真正幸福的婚姻

很小的时候,我就对家有着特别的憧憬。父母离异对我的伤害非常大,尤其当我看到别人一家人其乐融融,大人对孩子疼爱有加时,我就会非常非常羡慕,为什么这一切不能发生在我的身上……

还记得生病期间,我看到一件极其触动我心灵的事。那是我的一个病友,一个二十多岁的女孩,化疗让她的头发都掉光了,但她身边却始终有个男孩对她不离不弃。女孩的胃口不好,几乎是吃什么吐什么,男孩在她的身边贴心地守护,无微不至地照顾,无论女孩在什么时候提出什么要求,男孩都毫无怨言,哪怕是半夜 12 点女孩饿了,想吃东西,男孩也会马上快乐地跳起来,跑到最近的餐馆去买一些味道适中、咸淡相宜的食物给她。每天夜里不管多晚多累,男孩都会帮女孩按摩完身体,才找个角落沉沉地睡去。

这样的场景给了我巨大的震撼:一个人无论遭受多大的痛苦,都不能没有爱人……爱人不是简简单单陪伴你的人,爱人是让你感受到生活的快乐的人,是让你体验生命意义的人。

孤单的女人就像黑白照片，只有爱人才可以把它渲染出绚丽的色彩……

我勇敢地做了一个决定，我要在一年之内把自己成功地嫁出去！这一年我一定要找一个真正爱我且我也爱他的男人，给我女儿一个完整的家。

人有的时候真的是很奇怪的动物，有的人一生读书无数，却没有智慧；有的人朋友众多，却没知己；有的人一生不缺伴侣，却从没有爱情；有的人一生不缺房子，心却无处安放……

"我的一生最需要的是什么？"我不断地问自己。

我不想要孤独的人生。

我好不容易从死神的手里把自己抢回来，未来的日子我要和谁一起走，我不要在死亡的那一刻才忏悔，在回顾一切的时候黯然神伤。我的人生不要因为从未曾品尝过爱情的美妙，而留下一个大大的遗憾……

只有树立明确的目标，才能得到自己想要的结果，否则只会害人害己。千万不能再像第一段婚姻那样，盲目地开始，无奈地结束。

我要知道自己的位置，找准自己的目标，这真是一个极其重要的问题，我现在非常感恩，在我做人生抉择的时候，我能够花整整一个星期认真去思考我未来需要走的路。

一个传统中国人眼里皮肤黝黑、年纪超过 35 岁、离异且带着一个孩子的女人,想找一个人好、条件又好的老公简直是天方夜谭。但我没有气馁,既然我在中国已经变成了不折不扣的婚姻困难户,那放眼全球搜索呢?在什么范围里我的弱势可以变成特色?超越中国,我不就有更大的市场了吗?

感情容易褪色,物质容易乏味,只有精神世界的共鸣才不会凋零。

中国有句古话:"定位定乾坤。"不懂定位的人生就是平庸者的人生,这一次寻找爱情,我要精准发射,绝不浪费生命!

定位,就是定价值,一个人想要幸福,必须找准自己的"核心价值",找到你生命的油田,透过"沟通的智慧"把自己精确地发射到对方的心里,深深地在对方的心里雕刻成一种"印象",彻底引爆对方,心甘情愿地靠近并把你收藏,在他的灵魂里安家,从此你就是滋养他灵魂的永恒的奢侈品,成为他的"精神毒药"。

我希望找到心灵的归属,这样的人才能相濡以沫,伴我走上幸福的人生。为此我制定了择偶的"七项基本原则",开始锁定合适的目标:一个在未来与我成立幸福家庭的老外!

这"七项基本原则"是我对自己的价值定位,也是对我未来准老公人群的定位。要想知道如何获得幸福，首先要知道你的幸福在哪里，什么人能给你，他要的幸福是什么，自己具备哪些优势，如何连接，一击中的。

我给自己的定位简单而清晰——

品牌定位：卓越男人灵魂的滋养者。

特色风格：温暖的笑容，大气的胸怀。

印象定位：温柔、好玩、懂承担的女人。

个人特色：好玩、好看、好用的三好女人。

传播渠道：涉外交友网站，聚焦传播。

目标人群：喜欢运动的、跨国集团的高管，爱好美食与旅行的优秀男士，渴望温暖而轻松的家庭生活的男士。

除此之外，我还对我网上的资料进行了"精装"。那段时间，我每天都会收到上百封信。数量太多，我不能一一回复，慢慢地我积累了不少经验，在他们之中挑选了 15 个"潜力股"，他们来自不同的国家。经过 9 个月的挑选，我终于遇到了我的 Mr. Right——Ken，一家美资集团的跨国总裁，也就是我现在的先生。

我通过自我定位，很快找到了自己的幸福……

其实定位就像舞台上的聚光灯，当一个人的定位不清楚的时候，她就无法在对的人面前显现，无法突出，自然无法成为焦点。一个没有聚光灯的舞台，主角、配角混为一谈。而当一个人定位很清晰时，她马上就会成为人群中的焦点，一切资源都会倾向她，突出她。就如舞台上的聚光灯，它的目标只为聚焦主角一人，让台下的观众看得更清楚……

每个女人，只要懂得定位，都能把自己打造成身边人群的影响力中心。定位，就是定印象，经营爱情，就是经营印象，想要恋爱成功，你必须把自己的印象牢牢地印在对方的眼、脑、心、神中，让对方深深地记住你，从此再没有转换频道的理由。

很多女人之所以还没有把幸福稳稳地攥在手上，就是因为她不懂得给自己定位，不知道自己生命中最厉害的杀手锏是什么，不懂

定位：许我真正幸福的婚姻

得一招致命，更无法一招制胜！

一个人想幸福，必须懂得如何把自己的核心价值发射到对的人心里，引爆 Ta 爱上你的感觉。你必须先给别人一个爱上你的机会，从此幸福对于你，就如探囊取物。每个女人都可以找到自己的幸福！只要你愿意去学习，愿意去实践。

一个女人对自己最大的背叛，就是不成长，当一个人自我不提升、不成长，价值感越来越低时，她就会停留在原地。世界日新月异，而她没有变化，无法跟这个世界合为一体，跟不上变化的节奏，最终当然会被这个世界抛弃。

如果你不想被社会抛弃，想在男人心目中永远保有价值，想做在老公灵魂里牢牢占据一席之地的女人，这辈子唯一不变的方法就是成长。只有不断地让自己像树一样拼命向下扎根，努力地去吸取养分，才能拼命向上成长，无限向上扩容，活得精彩，有未来。

其实很多女人都想过上有品位的生活，被别人欣赏与赞美。那么，你一定要让自己具有高附加值，必须要学会好好爱自己，你才能使自己成为这个世界上最昂贵的商品。人们为什么愿意花那么高的价钱去买一些奢侈品来武装自己，就是因为购买这些商品，能让他们把自己的感觉经营出来，给自己鼓劲，给自己提神，在他们欣赏自己的那一瞬间，那种自豪的感觉就会涌动上来，感动自己！

一个女人如果对自己的感觉不好，自己都无法爱上自己，那么全世界还有谁会爱上你？还有谁会愿意带着一种欣赏、赞美、呵护、宠爱的眼神来关注你、关照你？还会有谁真真正正地疼爱你？那不是痴人说梦吗？

一个有智慧的女人，必须学会定位的思维，以四两拨千斤的方式轻轻松松地撬动生活，撬动爱情，让自己的生活精彩纷呈。这是一个人人都可以出彩的时代，女人必须学会保养自己，尤其是保养自己的思维，让自己的思维升级！

为什么必须保养自己，为自己提速？因为你只有把自己经营成一个缔造幸福不老的传奇，男人才会心甘情愿地守护你、疼爱你。如果他远离你，只代表一种信息：你的价值不足以吸引他留下来。

不知道什么原因，就整体来看，中国女人似乎缺乏这种美丽到老的追求，也缺乏这种智慧到老的信心和坚韧。每个人都期待靠近那些充满智慧的女人，透过她的举手投足，你能看到她生活的现状，她们有品位，活得大气，浑身上下透着一种生活的质感。

而在很大一部分女性身上，我们很难看到那份优雅的从容，很多女人要么为生活疲于奔命；要么空虚无助、挥霍无度；要么泡在购物中心疯狂扫货，血拼购物；要么躺在美容院里感叹男人的不忠。似乎在这个飞速发展的时代，爱与忠诚变成了一种顶级的奢侈品……

一个不会开车的女人，老换车解决不了本质问题；一个不会做饭的女人，老换厨具也做不出美味的饭菜。同理，一个不懂得定位的女人，即使换了男友还是会出现婚恋中的问题。所以一个不学习的女人绝对不会持续地幸福，一个不懂得定位的女人，不管她妆化得多漂亮，衣服穿得多精致，房子住得多大，有多少辆豪车，依旧无法让自己迈上幸福的旅程。女人必须知道，你就是一切的根源，要想改变一切，首先必须改变自己。

> **Y 雅骊语录** YA LI YU LU
>
> 定位就是定价值，一个人想要幸福，必须找准自己的"核心价值"。

chapter2
定位：幸福的要诀

——幸福都去哪儿了？

幸福都去哪儿了？

2013年11月11日"光棍节"，珍爱网发布了一条消息：2013年，中国单身人群抽样调查数据显示，中国有将近1.8亿的单身人士。

1.8亿看起来只是一个数字，但这个数字却包含了中国大约1/7人口的幸福。这也就意味着，在中国，每七个人中就有一个人在承受着没有爱人的孤独。这样令人咋舌的数字，我们从中看到了什么？

在这个物质高度发达的社会，为什么幸福离我们越来越远？越来越多的大龄剩男剩女们在婚姻的殿堂外徘徊不前，总是叹息着生命中的另一半为什么会如此迟迟不来，叹息着真爱为何如此难求，但又有多少人想过他们苦苦追求的幸福到底怎样才能得到？

幸福对每个人都很公平，要想得到幸福，首先要找到属于自己幸福的位置，这样我们的幸福才会有家可归。这就是定位！

人们在人群中，就像在坐标图上一样，不同的定位，有不同的距离。我们可以给自己的人生画一个坐标图，假设大家都想要寻找的幸福是在A点，我们要寻找的对象（目标人选）Ta在B点，A点与B点是等高的，D点为坐标原点，C点低于水平线，也就是负值。

那么我们可以从这个坐标图上看到，D 点与 B 点有着一段价值区间的距离，A 点是跟 B 点是在等价齐驱的状况，而 C 点是完全脱离水平线价值区间，与 B 点相距很远。那么在 C 点的人想要到达 B 点寻找幸福，就要比在 A 点的人付出更多的代价。因为每个点的位置不不同，它们与 B 点的距离也不同，与此同时，每个点的价值也不同，也就决定了从不同的点寻找幸福（B 点）所花的时间、代价、精力不一样。

现实中，价值观相近的两个人靠近时，往往更容易彼此吸引，相处起来会比较融洽，相互间也更容易满足。就像 A 点和 B 点，它们的价值区间在坐标轴上是相似的，如果放到我们的生活中去，那么就是社会背景、学历、能力、智慧、财富，还有彼此的家庭背景、宗教背景、信仰等这些我们通常所讲的"门当户对"的标准。如果它们比较接近，双方就比较容易找到共同的价值观，这样的两个人在一起幸福指数相对来说是比较高的。那么 D 点呢？与 A 点也好，B 点也好，都有一段距离。如果它接近 B 点付出的代价跟接近 A 点是一样的，那么不那么容易得到预期的幸福。现实生活中很多男孩和女孩都会遇到这样的情况，我对原来的女朋友或是男朋友用这种方式，他们很容易满足。为什么现在我换了这个人，看起来条件比之前的那个要好一点，可是我用同样的方式对待他（她），却找不到之前的感觉了呢？

其实这是因为现在两人之间的价值区间已经发生了变化，当一个人有求于另外一个人时，也就是价值低的一方有求于价值高的一方的时候，中间这个落差就是他（她）必须要额外付出的代价。

如果我们要寻找的那个人在 B 点，而我们的价值区间是在 C 点，那爱情发生的可能性几乎是零。比如，现在很多的女孩，不管自身条件怎么样，一定要嫁一个好的，自己没有达到对方的要求，反而要求对方有房、有车，还得有背景、有身价、有学历、有样貌等。

仔细思考你就会发现，当你自己的价值没有"被定位"，你不明白自己的核心优势在哪里，却要求对方的条件一定要非常棒的时候，你必须加速成长，才有可能达到一个可以与对方互相匹配的高度，否则绝无胜算。如果你们之间相差得太多，你就要付出双倍或者多倍的代价，你才有机会打动对方。

爱情就像"盖大厦"，想要拥有它，你得有自己的幸福图纸，确认在爱情关系里自己的位置。透过这个图纸你必须清楚地知道自己的价值在哪里，你的大厦是给谁盖的，标准是什么，他享受哪些服务和便利，同时要付出怎样的代价。这张图纸就是幸福定位的地图，在这张图纸上，每个人都知道应该付出怎样的代价才能获得相应的礼遇。

自己的价值不是自我评定的，是你在他人心目中被定位的印象，以及所表现出的价值。我们可以看到很多的例证，这些例子来自政治、商业、战争、经济等不同的领域，同样包含了我们在与异性交往过程中的智慧和能力，包括婚商大智慧整个系统。幸福必须在五个指数上输出到位，你的幸福才靠谱，这五个指数包括：爱商指数、定位指数、沟通指数、同频指数、性商指数，这是经营幸福必不可少的五个衡量标准，影响着人们的幸福，是衡量在婚恋关系中心智是否成熟的标志。人类的任何输出活动都离不开这五个方向的价值。

> Y 雅频语录
>
> 幸福对每个人都很公平，要想得到幸福，首先要找到属于自己幸福的位置，这样我们的幸福才会有家可归。

要诀：幸福定位

"定位"这个词来源于战争，其含义是在战争中找到对自己有利的位置。在跟对方开战时，首先要找到自己在哪个位置，再站在自己的位置去看，应该采取怎样的战略和战术把对方攻陷。虽然，它的起源是战争，但现在更多地应用于商业运营，当然它在感情中同样适用。

定位可以用在一件商品、一项服务、一家公司、一个机构之中，也适用于一个人。你当然也身在其中，这里的定位不是围绕产品进行的，也不是围绕你自身进行的，而是围绕你潜在的爱人、潜在的Ta的心智进行的。也就是说，将你自己定位在潜在目标人群的心智里边。我们把这种定位称为幸福定位。

其实这个世界上每一个人都有自己独特的价值，只是看有没有被发现，并被放大，使对的人能看懂。这个世界上没有蠢材，只有被用错了地方的天才。大家最初什么都不缺，只是在后天环境中，很多被教化、被淹没、被掩盖了，仿佛穿了一层厚厚的盔甲，看似武装到牙齿，而自己生命中最无价的部分却连自己都看不懂了，所以很轻易就被剩下了。其实最好的你，根本不需要太多的填充、太多的装饰，一切都是自给自足，只需绽放，只需被点亮。

一个人对自己最大的慈悲就是不断向上成长。生命的精彩不进则退，尤其是对自我核心价值的认知与成长，这是比生命还重要的事情，否则这样停滞不前、故步自封的状态是满足不了他人需求的，所以我们只需要一个引爆的过程，让我们看懂自己。自己的内在世界里面最值钱的、最好的、最棒的、最核心的优势到底在哪里，然后把它充分地引爆、显现出来，释放给对的人，瞬间在他心里成为焦点，并被牢牢记住，这就是婚商大系统的核心智慧——幸福定位。

当然只有定位并不能一劳永逸，定位也不是一成不变的。我们学习定位，其核心目的是了解自己，从而突破自己，获得成长。对于一个人来说，人生最大的背叛不是别人，而是自我放任，如若自我放任，何谈光明的未来。所以定位的核心就是锁定价值，并围绕价值经营自己的核心优势，从而让自己进入快速成长的通道。

定位本身像一根火柴，每个人内心都有一片油田。我们通过定位，找到那片油田，然后用定位的火柴引爆它、释放它，扩大彼此对接的空间。也就是说，通过定位我们可以把自己无限的内在价值与无限的潜力发掘出来，创造无限的可能。尤其是在如今信息飞速发展的社会里，定位更是至关重要的，正如那些正在寻找自己幸福的男孩女孩们，如何才能快速让别人看到自己，如何才能让自己的旗帜别具一格、光彩夺目，能够在第一瞬间就牢牢地占据对方的眼、脑、心、神。

想让自己像一棵树一样，在对方的心里生根发芽、茁壮成长，最后绿树成荫，不用去担心对方身边的那些花花草草，因为她们跟你根本就不在一个级别，这也是我们可以从容应对现在这个单身"泛滥"的社会化难题的一个精准思想体系，这是一个契机、一个起点。

在生活中，我们经常会产生这样的困惑：我们自认为自己是最好的，自己付出得很多，很用心地在爱，很无私地在给予，但为什么身边的亲人都看不懂呢？其实这里面有一个障碍，看懂了一点都不复杂：因为每个人都认为自己是最好的，但我们对自己的认知并不会成为别人评定我们的标准，所以，一个人无论如何了解自己都是片面的。相反，别人如何认知你，你在别人的心智里占据一个什么样的位置，给他人一种什么样的感觉，传达出一种什么样的信息，才是别人衡量你价值的真正标准。

我们很少考虑，在别人心里，我们所做的是不是恰好被需要。

如果不是，那你做得再好，在他的心里依然是没有位置的；如果你所做的对于对方来说是可有可无的，那么对方是不会珍惜、宠爱你的。其实我们人生的每一步都用到了定位。不管你是否懂得什么是定位，也不管你是否会正确地使用定位，它都是你未来人生的必经之路。有清晰定位的人，天堂之门就向你敞开；没有定位的人，人生难免处处受阻。

婚商大系统始终围绕着定位这个核心命脉活动："定位定乾坤，定位定未来。"一切幸福都围绕定位展开。在爱情中，定位决定了你能不能第一个进入他的心里，占领他的心智。换句话说，你能第一个冲进去，抢得先机，成功就会变得简单。如果你不能在对方心中占据第一的位置，这无疑是把机会留给了竞争对手。那么，你的竞争对手一旦进入，就会毫不客气地占领空间和领地。可见，定位不仅在确定恋爱方向时很重要，它还决定恋爱中的生死存亡、婚姻中的激情与怜爱。

在这个信息高速传播的社会里，QQ也好，微信、微博也罢，交流平台种类繁多，几乎每个人都拥有好几个账户。你会发现，一个人如果没办法让自己在万千网络账户里脱颖而出，他就无法有效地掌握资源或者获得资源，最后难逃被淹没的命运，这和寻找幸福非常像。

在茫茫人海中，想获得幸福的希望是很渺茫的，就像在大海里捞针。那么，你唯一能做的就是让幸福找到你，把自己磨砺得如同"磁石"一般，让幸福向你靠拢。你必须集中精力创立自己的品牌，你的个人品牌就是你的定位。在爱情中，同样讲究出手要快，下手要稳、准、狠，这样你才能获得更好的机会。其实定位就是一种区隔，快速把自己在竞争人群中隔离出来。

接下来跟大家分享一个非常普通的故事。故事的主人公是我的一个学生，她去参加一场相亲活动，活动场面浩大，有上千人参加，熙熙攘攘的人群，嘈杂纷乱的环境简直让她无所适从。其中不乏俊男靓女，有些东西可以直观地看出来，比如年纪、外貌，而像职业、身份、性格、价值观和信仰这一类的东西则需要慢慢了解。她坐在角落里，发现了自己的白马王子——一个个子高高大大，正在酒吧边上和一个女孩交流的男孩。那个女孩长得很漂亮、很淑女、很有气质、很养眼。我的学生并没有气馁，她开始想办法接近那个男孩。

她装作很随意地坐到男孩的身旁，静静地听着男孩与那个女孩的谈话。男孩一言一行透露出渊博的学识和良好的教养，文质彬彬的气质让她心动不已。她瞅准时机加入了他们的谈话，男孩与那个

婚商——定位，幸福扑面而来

定位的核心就是锁定价值，并围绕价值经营自己的核心优势，从而让自己进入快速成长的通道。

女孩也是刚认识，谈不上一见钟情，自然不介意她的加入。

在谈话过程中，她开始慢慢地引领话题，三个人聊到旅行，她讲到自己去泰国的经历，讲到她第一次去洗泡泡浴、去洗玫瑰花浴的兴奋，那种被玫瑰花海包围的感觉是如何令人难忘，香薰的蜡烛、摇曳的烛光是如此妙不可言，朦胧的光影下，一切都那么容易让人遐想，而孤单的灵魂期待和心爱的人一起飞翔……当她神采飞扬地讲述自己的经历时，那个女孩就神情黯然地沉默了下来。你会发现，如果一个人把自己的核心优势发挥到极致，别人的眼光会自然而然地集中到她的身上。

当她讲述自己在泰国的经历和体验的时候，没有这种经历的人很容易被她吸引。她自然而然地获得了主动权。男孩很喜欢跟她聊天，两个人越聊越开心，接着她又做出了进一步的行动，诚邀男孩离开酒吧，找一个比较安静的地方，两个人坐下来一起慢慢喝茶聊天，分享彼此在旅程中的见闻。

他们因为旅行而结缘，彼此之间有共同话题，男孩欣然答应，两人结伴离开了。快速让自己从混乱的局面中脱颖而出，让自己掌握主动权，才能把对方带入你的领域，这就是定位里的区隔效应。

很多女孩参加过集体相亲活动，这种场合一个优秀的男孩身边围着七八个女孩是很常见的现象,这些女孩东一句,西一句地聊着,内容都大同小异,男孩只是浅浅地与她们交流。在这样的情况下,拥有婚商定位智慧的人就会把自己的经历用到极致,如入无人之境,因为她知道如何利用自身的优势在第一时间快速把这个人隔离出来,如何获得机会,如何制造机会,怎样做可以为两个人创造更多的互动,然后了解彼此和更深入地沟通。

恋爱中的大忌是让男孩犹豫到底该跟哪个女孩交往。不给对方犹豫的机会,而给对方一个靠近自己的理由。正如我的学生,因为学过定位,她出手就稳、准、快,所以,男孩就被她隔离出来了。离开酒吧后两人聊得很开心,很快就约定下了一次见面的时间。

人的心智追求简单,拒绝复杂。对于过度喧嚣繁杂的社会或者场面,人们有自动屏蔽的功能,他们会屏蔽掉对自己无用的或是不感兴趣的信息。一般而言,人们的心智只愿意接受跟他们以前的知识和经验相匹配和相吻合的信息。所以,当信息量太大,可选择的对象太多,而他们的特点又非常不清晰的时候,你就会发现心智有自己的过滤机制。

可以想象,一个人的生命有限,一天仅有24个小时,然而,每天接收的信息却是成千上万,甚至上亿,压力已经很大,所以,他要尽量让自己活在一种平稳、舒服的状态下。普通人的心智就像游泳池的水一样，如果水已经灌满，必须排掉一部分，才能注入新的，如果不把过去排空，就无法接纳新事物。同样，当你想进入一个人的心智时，必须在他心里找到一个属于你的位置，如果他的心已被填满，你是无法进入的。

谈恋爱也是一样，如果你和一个人正在交往，而你对对方的过去一点都不了解，不知道过去他和什么样的人交往过，发生过什么事，这些人、事、物在他心里占据了多大的空间，那么这种交往成功的概率不会很大。有的人就算时间过去再久，那些过往的事依然历历在目，当一个人还固守着过去的思维意识的时候，那么他心里是没有位置空出来给新人的。

想要谈一场成功的恋爱，就必须把过去的一部分倒掉，把过去没用的、对生活无法产生新的作用和创造力的东西清空，这样才会让新人走进来。如果你想进入另外一个人的世界，与他的时空连接，希望能够跟他互动，形成新的种子，让爱情在他心里生根发芽，那你就必须在他心里找到空位，这样你才能住进他的心里。一个蓄满水的水池和满员的电车一样，满得容不下其他的时候你又何必再挤，总会有一个水池为你留着空间，总会有一辆电车为你留着空座。

有了圈子，依然没有爱情

我们一直在讲定位，那大家是否考虑过为什么要定位呢？

你会发现，身边的单身人士经常会说，自己现在找不到伴侣是因为没圈子，周围没有合适的人，没有符合自己要求的人选，而自己喜欢的人都已经结婚了，甚至已经有孩子了，剩下的都是看不上的，越是这样越是觉得生活中的圈子小。其实这都是借口，像这种陈词滥调已经是司空见惯了。

有了圈子，有了合适的人，你就一定能获得幸福吗？有了圈子，你就能让自己欣赏的男人爱上你吗？有了圈子，你的竞争对手就会自动离开，不与你竞争了吗？有了圈子，你就一定能够被优秀的男人捕捉到，并被留下来吗？有了圈子，男人就一定会忠于你吗？有了圈子，你就能够在优秀的男人心里住上一辈子吗？

答案显然是不，你的问题不是圈子能解决的，也不是培训能解决的，更不是红娘能解决的。你的问题是，为什么男人一定要爱上你而不是别的女人？男人为什么要一辈子锁定你而不移情别恋？男人为什么要全身心地投入你的怀抱？男人为什么要把家庭的未来寄托到你的身上？你有什么独特的价值值得一个伟大的生命托付终身？

　　当然，经营圈子，进入不同的圈子并非坏事，相反还有助于自我的成长，所以才会出现很多人去参加相亲会，参加学习培训聚会，通过去婚介所和网站交友等方式来扩展自己的圈子，然而，当你真正有了圈子时，你真的就能获得幸福吗？也许那时新的借口就会变成是社会风气不好，骗子太多，好人太少。

　　很多人认为只要自己有圈子，所有的问题都能够迎刃而解，有了圈子自己就有时间产生感情了，有机会让爱情发生了；有了圈子，就可以接触到人，有了人何愁爱情这件事不发生。事实真的如此吗？答案可想而知。

　　如今单身人群的婚恋问题已经成为一个极其突出的社会问题，我国已经成为全世界剩男剩女人口数量最多的国家，虽然说我国的人口基数本身就大，但将近总人口 1/7 的比例也着实令人咋舌。

　　这是一个知识化和信息化的时代，各种类型的事物都朝着多样化发展。人们的交往方式也在多样化，除了传统的约会和电话联系外，交友聚会也是一种较为流行的方式，少则几十人，动辄上百人，多则上千人，甚至上万人。网络交友更是屡见不鲜，交友网站也是五花八门，目不暇接。通常，一个交友网站能有几千万人注册使用，最小的也能达到几百万人，国内比较有名的交友网站，差不多都有几千万以上的用户。

可交往的对象多了，选择也就多了。数量庞杂的信息让我们不知所措，我们多半被淹没在这信息的海洋里。对于处理这些信息，人们已经开始变得厌倦了，所以，心智追求简单，厌恶复杂，越是简单的东西越容易被接受，越是简单的东西越容易被记住，越是简单的东西越容易在对方的心里留下深刻的印象。

现在的世界已经进入了一种新的时空维度，我们现在探讨的就是一种新的沟通方式和方法。过去我们的沟通方式是点对点的，就是一对一地去见面、去认识，这种方式如今已经不是最有效的方法了。然而，在交往过程中，无论你是一对一也好，一对多也罢，如果你自己没有什么特色，没有什么特点，无法快速被人们记住，那你的恋爱旅程完全是一种消耗，是一种浪费。你无法从中得到足够的养分和力量。

> 当今人们的心智追求简单，厌恶复杂，越是简单的东西越容易被接受，越是简单的东西越容易被记住，越是简单的东西越容易在对方的心里留下深刻的印象。

快速行动,抢得先机

定位是一种新的人与人、人与社会、人与环境之间的沟通方式。定位的首要目的就是让你成为"第一",这是进入一个人心智最快的途径。

生活中我们一直在接触"第一"这个词,可以说是印象深刻。从小父母就教育我们,学习要努力,考试要拿"第一"。历史、地理课本上总是会出现"第一"。我们对这个词的熟悉程度不亚于吃饭、睡觉,但是我们是否细细地考虑过为什么要取得"第一"?

其实答案非常简单,我们都知道中国第一个上天的航天员是杨利伟,那第二个上天的人呢?大多数人都不太记得。就像我们知道第一个单独驾驶飞机横跨北大西洋的人是查尔斯·林德伯格,却不记得第二个横跨大西洋的人是谁;我们知道中国的第一个家电品牌是海尔,第二是谁恐怕也是很少有人知道;我们都会记得自己的初恋情人是谁,如果在谈过多场恋爱后,再问你第三任或是第四任是谁,会有几个人记得很清楚?显而易见,"第一"总是可以轻易地在人们的心里占有一席之地,这就是我们要在感情上取得"第一"的原因。

你会发现,第一个进入你心智的,不管是人也好,产品也罢,抑或公司，他们/它们都是很难从你的记忆中抹掉的。所以，想在一个人的心目中留下光辉且不可磨灭的形象，你要掌握的不是对方的信息多牢靠，而是如何有效、快速地进入他的心智里面。就像你家里养的第一只小狗，它在你的脑海里形成的记忆一定很深刻。人是有感情的动物，每一个"第一"都会获得最多的关爱和呵护。

在我们的生命中，"第一"总是特别的。如果你是第一个进入你老板心智的人，那么未来升迁、加薪一定有你；如果你是第一个在公司解决问题速度最快的人，那么，下一个分公司的总裁可能就是你。所以，你在寻找未来伴侣的过程中也是这样，你首先需要了解的不是对方的背景条件，不是对方的家世，也不是对方的财产，更不是对方的身高和长相，而是对方的心智，看看他的心里是否是一片净土。男人值不值得嫁，首先要看他有没有慈悲心，是否被这个社会的阴暗和其他人的恶习给污染了。

现实生活中体现"第一"重要性的现象比比皆是，尤其是在动物界。动物会把第一个出现在它生命中的动物当成自己的父母，无论是动物，还是人类，动物学家把这种现象称为"雕刻现象"，以此来描述新生动物第一次看到它父母时候的样子。比如说企鹅，在破壳而出睁开眼看到自己父母后，这个幼小的生物在短短的几秒钟的时间里，快速把父母的形象烙刻在它的脑海中，记住父母的形象。父母透过叫声快速识别出哪只企鹅是自己的孩子，所以新生的企鹅宝宝即使面对成千上万只企鹅，也能快速认出自己的父母。

人类一旦陷入爱情、坠入情网，也会出现类似的现象。尽管我们人类比企鹅更聪明，更懂得选择，但其实我们在选择伴侣或者是开始一段恋情的时候，可能并不是你所想象的那样，这里面最重要的是关联性。两个能够快速坠入情网的人，其实他们在相遇的第一时间，彼此绝对是轻装上阵，是"绝对"的单身，没有任何的阻碍。在相识的那一刻就认定彼此，决定与对方结伴而行，这样爱情才会发生。如果其中有一个人不是以这样的方式存在，那么这段感情是不会走得太远的。只要有一个人隐瞒，紧闭心扉，那么彼此的心意就无法相通，恋爱这件事就无法发生。没有感觉的爱情，就算交往了也难以永恒。

在婚姻这个旅程中也是一样的，"第一"永远比最好还要重要。第一个进入的人会获得绝对的优先权，优先选择对方内心的空间，并且很容易占据这个空间。想要在爱情或者婚姻中取得成功，你必须要非常清楚地意识到你成为第一的重要性，在婚姻中让配偶忠于你，其实跟电视锁定频道是一样的。你必须要快速抵达并占据对方的心智，而且在这个过程中一定要多加小心，不要给对方有换频道的理由。

045

婚商——定位，幸福扑面而来

Y 雅骊语录
YA LI YU LU

定位是一种新的人与人、人与社会、人与环境间的沟通方式。定位的首要就是让你成为"第一"。

做他心里的第一个

每个人都有自己的品牌，很明显，你的品牌不如孙俪，不如巩俐，不如章子怡，假如有人已经快速抢占了你心目中"准老公"的心智，你应该怎么办？

作为后来者你是不占优势的，想要获得对方的心就会变得难上加难。看似第一位与第二位几乎相差不了多少，但失之毫厘，差之千里。成为第一，会获得100%的关注，而第二得到的关注会少很多，运动员永远都希望争第一，因为得到第一，才能快速得到国家各种资源的支持，包括名望、地位、财富，但是第二很快就会被人忘记，其实道理是一样的。

在中国，传播年代最久远、分布最广的是佛教，它可以算得上第一个外来的宗教，所以，它在进入中国后很快地进入了人们的心智。一问哪个奶茶销量最好，你可能马上会说是"香飘飘"，因为它的广告词写得非常好——"一年卖出七亿多杯，连起来可绕地球两圈"，这说明它很热销；中国第一大城市是上海；中国的第一个女皇帝是武则天；新中国的第一个国家主席是毛泽东……诸多"第一"在我们的心中留下了深刻的印象。

假如你没有进入你准老公或是准老婆的心智里，无论你多么漂亮、多么有钱、多么有能力与背景，这些外在的条件都无法发挥核心作用。这些问题都是围绕定位而展开的，这是一场心智的竞赛，而胜利往往属于获得第一的人。

谈恋爱也是一样，也许第二次恋爱很美妙，对方是个很不错的人，但是人们更容易记住第一个进入他心智的，第一次给他带来美妙的感觉的人。透过所有这些我们可以看到，想要成为对方心智里的第一人，虽然不容易，却是你此生必修的功课。

现在社会上单身者众多的状况看起来是很混乱的，当然这种混乱状况也是有原因的，因为人们习惯于过去的相亲模式，用过去这种成功率不高但熟悉的感情连接方式来感召幸福却是难上加难。

古时候，人们相亲非常简单，婚姻相对也比较稳定，很少发生离婚这种事。只要有父母之命，媒妁之言，两个人都不用见面，只要媒婆说这家小子不错，那家姑娘不错，双方父母同意，就可以缔结姻缘，结婚了以后照样过日子、生孩子。到了解放初期，人们开始有了自由选择的空间，但还没有那么明显，那个时候只要听说对方是当兵的、吃公粮的，姑娘嫁过去就会很开心，这家的人是在城市里面做工人的或者当医生的，嫁过去也很开心。那时人们的选择相对简单、容易，所以越简单、越容易，幸福指数越高。

相反，在现在社会里，幸福似乎离我们越来越远。抛弃了父母之命、媒妁之言，被解放了的恋爱有了自由选择的权利。宽泛的选择反而让我们无从下手，每个人周围都有很多人，形形色色，良莠不齐。

一个人的圈子少则几十人，多则上百人，如此多的选择，大家反倒不会选择了。已经挑花眼的你，分不出到底谁适合，谁不适合。因为混乱，所以你干脆不去应付这些烦恼了，脑子里一片空白。这时候就必须静下心来，好好学习定位，研究自己的定位。

通过定位来找到自己的位置，为自己画出范围，找到你与他心里面能够连接上的契机，找到你们感情可以契合的小钩子，从而获得最终的幸福。

定位像是我们人生的标点，我们通过定位在幸福的图纸中寻找自己的位置，明白自己到底是"句号"还是"问号"，明白自己想找寻的幸福是"肯定句"还是"疑问句"。当我们明白如何定位的时候，我们要把握先机，争取做对方心里的第一人，第一个冲进对方的心智，抢滩成功。这样才能抓住幸福，不让它从指尖溜走。

其实，定位是每一个准备走进婚姻、追寻幸福的女人的必修课，首先要做的就是找准自己的定位，围绕着定位来选人，围绕着定位来体现自己的价值，围绕着定位来规划精彩的人生！每个对自己的人生负责任的人，首先一定是一个爱学习、爱成长、爱交流、爱分享，时刻为自己的人生充电、加油的人。如果这辈子有一门课程你必须学习，那一定是婚商的定位智慧，它是帮助你提升自我价值的加油站，值得每一个女人全情投入，用心收获！

> **Y 雅骊语录**
> YA LI YU LU
>
> 定位像是我们人生的标点，我们通过定位在幸福的图纸中寻找自己的位置。

chapter3
定位：做最美的你

—— 世界上最遥远的距离在哪里？

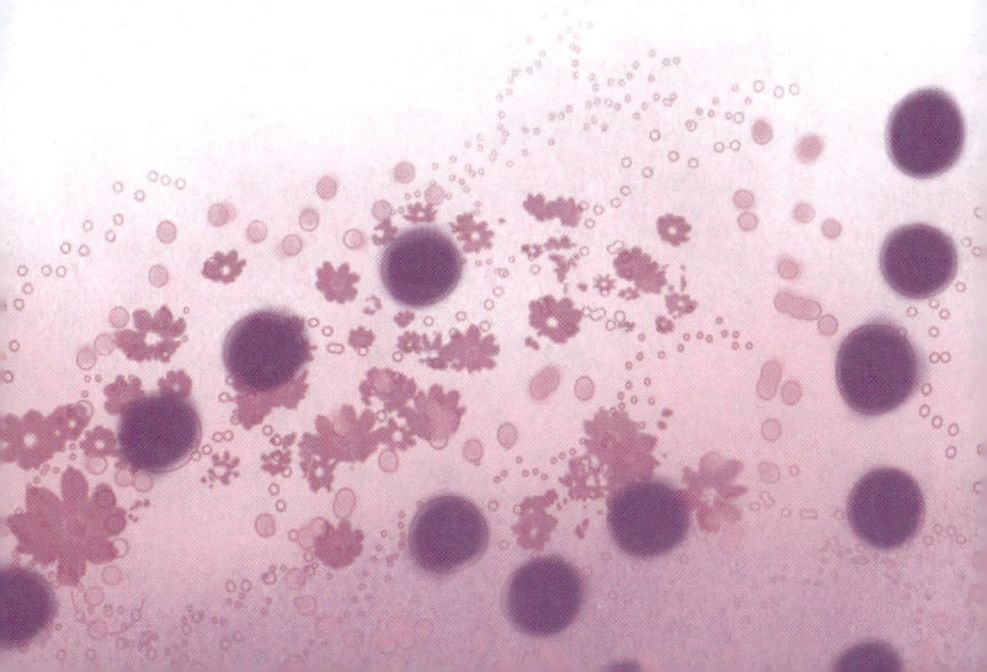

最遥远的距离

世界上最遥远的距离在哪里？

泰戈尔说，世界上最遥远的地方不是生与死的别离，而是我就在你的面前你却不知道我爱你。的确，世界上最遥远的距离是人与人之间心际的鸿沟。从远古洪荒到繁华当下，从地球表面到外太空的月球、火星，这些都不过是在弹指一挥，笑谈之间。可是当你爱的人不爱你，或者相爱的人彼此猜疑、误会时，这才是永远无法逾越的距离。

我曾经有一个来自上海的学员露丝，她在31岁的时候找到我，向我寻求获得幸福的秘方，她说在亲朋好友的眼里，她都快成怪物了，再不成家父母都快要被她气死了。可是曾经的一份异地恋让她对爱情和婚姻感到无力和惶恐，和一个人确定恋爱关系只需要一分钟，但是分手后却要用好几年才能走出伤痛。

我们初次见面是在一个咖啡馆，露丝是典型的南方女子，31岁的她长得非常清秀可人，如同当时咖啡馆里正播放着的轻音乐，给人一种很柔美、很清甜的感觉。她是一个朋友带过来的，在这之前朋友无意间和她说起过我的故事，她听说有一个女人为自己量身定制了幸福，她听了以后很受触动,非要见我一面不可。于是,我们就相约一起喝下午茶。

我们坐的是靠近窗边的卡座,深冬,午后的阳光透过玻璃窗温柔地洒在我们身上,舒服极了。脸上、手上以及手中透明的玻璃茶杯上,全都是温暖的颜色。我懒懒地把自己往沙发里一丢,以一种最休闲、最舒适的姿势靠着,一边欣赏茶杯里因阳光越发透明的茶叶一点点地舒展,一边听美丽中夹杂着些许忧伤的露丝讲述她的故事。

露丝原来在一家律师事务所做律师,后来转到一家大型企业做法律顾问。也就是说,不管是外在条件还是内在条件,她都是一个很优秀的女子。为此,我很好奇,按理她身边肯定有很多的追求者,怎么会还是孤家寡人呢?

我们都知道与法律相关的工作很严谨、很理性,法律工作者们大多也都是沉稳、冷静型的。露丝虽然从事这样的工种,但是工作之余的她内心里却是一个非常感性的人,她有着热情、开朗、浪漫的一面。起初我还想着,一个多年从事法律工作的女子,我该怎么走进她的内心,没想到我们一入座,竟如昔日多年不见的故友,我还没有开始说话,她就在阳光下侃侃而谈,细细回忆……

露丝有过一段美丽却又忧伤的恋情,至今也难以忘怀。那还是在读大学的时候,他们在同学们眼里是一对才子佳人。男朋友喜欢写诗,她也喜欢写诗，他们以诗会友，在学校成立了一个诗社，经常在一起讨论诗歌。长此以往，有着共同爱好的他们，渐渐地以诗交心，以诗传情，在无忧无虑的象牙塔里，他们浪漫地牵起了彼此的手。

他们有共同的爱好、共同的梦想，他们深爱着彼此。相爱的日子里，他为她写诗，她也为他填词。他们肩并肩走在一起，就是同学们眼中一道醉人的风景。在大学里的操场上、路灯下、池塘边、秋千上、图书馆、食堂，到处都留下了他们在一起的欢笑背影，他们谈笑、作诗、学习、畅想未来……

在露丝的回忆里，大学生活是那么甜美，她说着说着不由自主地就陷进了回忆的漩涡中。

相爱的美好丝毫无法冲淡分手的伤痛……我无情地打断了露丝看似没有尽头的美好回忆：

"你们毕业以后呢？"

我们都知道在大学里的爱情，就像一朵飘落在山谷里的雪花，纯洁而美好。但是毕业后却像经历一场沙尘暴，在飞扬的沙尘中艰难生存，他们不得不学会放弃和接受某些东西。

露丝和男朋友毕业以后虽然逃脱了大学里流传的"大学毕业了，爱情也毕业了"的"魔咒"，却还是掉进了另一个深渊。

有人说感情上有点距离能产生美，是艺术，也有的人说距离产生不了美，只能产生更远的距离。这都是那些异地恋的朋友们来回咀嚼的话题。而露丝的爱情呢？是前者还是后者？

露丝的男朋友是武汉人，露丝是上海人，他们从不同的城市到同一个城市学同样的专业，有着同样的爱好和梦想。毕业后，他们却不得不分道扬镳，各自回到了自己的城市。露丝曾一再劝说男朋友到上海发展，但他再三思考，还是选择了尊重家里的安排，在当地律师行找了一份稳定的工作。露丝也不差，凭借自己优秀的外表和专业的学识很快也在上海的律师事务所找了一份工作。男朋友最终的选择让露丝有些失落，这份原来完美的爱情终究是隐藏着不完美的因子，只是没有适时出现罢了。但是若要露丝放弃这份感情，是万万不可能的。于是，她只好学着去理解，形影不离、花前月下的爱情暂时给生存让让路吧，经济基础才能决定上层建筑。

因为爱，露丝告诉自己，不管是不是在一个城市，能不能经常见面，只要心存想念，彼此就没有距离。其实她心里明白，所有的异地恋的情侣起初都是怀着这样的美好信念，最后大都没能经得起时光的考验。露丝以为他们的爱情会不一样，会经得起时间和空间的考验，于是两人鸿雁传书了两年。起初的一两个月还好，两个人初到社会，都是律师行业里的新人，不管是在人际交往上还是在工作中难免都会遇到一些问题，为此，他们彼此鼓励、倾诉、讨论，为对方出谋划策，电话两端的他们一点距离都没有，感情反而升华到了另一个高度，他们都决定为对方，为以后共同的家好好努力。可是一年半载之后，问题就渐渐浮出了水面。一个电话不接就胡思乱想，一句话没有说好就心生疑惑。想到彼此不在身边，各自不安的心像发了疯的小狗不停地乱窜、撕咬。露丝说异地带来的煎熬和痛苦无以言说，平静美好的生活因为猜忌、怀疑变得阴沉可怕。这不是爱情的本来面目，男朋友最终选择了逃离。

　　露丝苦苦坚守了两年的异地恋无疾而终。她身边从来不乏追求者，只是很难从上一段失败的感情里走出来，身边关心她的亲朋好友也不断给她介绍条件相当的男孩，她见过一些，未经深谈就觉得不合心意。

　　在现今这个情感自由的年代，异地恋比比皆是，但我发现很多异地恋失败的朋友认为罪魁祸首是遥远的距离。在这里我只想轻轻地问一句，"十年生死两茫茫，不思量，自难忘。千里孤坟，无处话凄凉"的作者苏东坡和亡妻的距离有多远？为什么他却能年年思断肠？

Y 雅骊语录
YA LI YU LU

当你爱的人不爱你,或者相爱的人彼此猜疑、误会时,这才是永远无法逾越的距离。

让你爱的人为你打开幸福的门

很多人的爱其实都是控制、占有、奴役、恐惧的代名词,他们都在以爱之名绑架对方。那么真正的爱是什么样子的呢?真正的爱是没有对立、没有条件的。就好像一朵花不会说:"我只为白人绽放,不为黑人芳香。"太阳不会说:"我只照耀东方,让西方在黑暗里哭泣。"

露丝用了整整四年的光阴才从第一次失败的爱情的阴影里走出来。痛苦是成长最好的养料,她事业的那块土地有了"养料"的滋养已经草长莺飞,可是感情的那块土地却仍旧荒芜、空旷。身边的亲朋好友无不为她情感上的空缺感到担忧,争相帮她介绍,父母更是急白了头发。终于,她决定勇敢地走出来,重新播撒爱的种子。

露丝一直觉得是异地导致了爱情的失败,所以再次选择爱情时她有了很多硬性的要求,摆在最前面的条件就是必须在上海,哪怕不是上海人也要为她留在上海。于是,在她 28 岁那年经同事介绍,她重拾了爱情。

露丝的第二个男友,人在上海,是另一家律师事务所的律师。男孩也很优秀,长相帅气,工作积极努力。他们俩走在街上是完美的一对。但是因为都是律师，两个人谈恋爱一约会就聊案子，男孩手上的案子、露丝手上的案子，而且更有趣的是，他们最后把恋爱也当作了案子。他们曾经都恋爱过、受伤过，或许是伤口还没有完全愈合，又或许是害怕再受伤，所以他们总是在彼此算计、分析、判断，一段时间下来，两个人都觉得这场恋爱谈得太乏味了，越见面越沉默。原本看起来志同道合的恋人，却没能最终走到一起。

露丝很无奈，最后选择了和平分手。她说这不是她想要的爱情，如果就这样走进婚姻，那只是对生命的另一种浪费。

我问露丝："你觉得前后的两场恋爱最大的问题出在哪里？"她沉默了良久，说是距离的问题。

第一份感情是有形的距离把他们拉开了，第二份感情是无形的距离将他们阻隔了。她发现越长大越不会去和别人沟通，自踏入社会后，她觉得人心变复杂了，难以捉摸，很多时候都感觉问题来得太突然，让她措手不及。大学里谈恋爱的时候，随心所欲，想说什么就说什么，想做什么就做什么。后来的恋爱经常发现自己说什么错什么，做什么错什么。每说句话彼此都要去揣测其背后的含义和动机，说话的时候不得不去多想个为什么，觉得心里好累。很多时候自己都不知道自己说的是什么，也越来越理解什么叫言不由衷。

"那你觉得导致这种距离的主要障碍在哪里？"我的提问使得露丝的情绪开始有些失落。

她说第一份感情是为了前程自己不愿意去他的城市，他不愿意来自己的城市；第二份感情的核心问题在于沟通，彼此都因上一段感情受过伤害，有了太多的防备。相处的几个月里从来没有想过真正去了解对方，只活在自己的世界里，自己没有真正走出去，别人也没有真正走进来。两个人在一起的时候都是说自己想说的话，把自己的思想强加给对方，并且希望得到对方的认可，跟随自己的节拍。

露丝说得很对，其实这是很多失败的爱情或者婚姻都存在的通病。活在自己的世界里，对方喜欢的不是我想要的，对方做的不是我能理解的，对方说的不是我想听的。那么，同样，我们说的、做的、喜欢的，在对方的世界里又有怎么样的回馈呢？我们有我们的世界，对方自然也有对方的世界，如果我们不走进彼此的世界，那即便我们近在咫尺，也如隔天涯。

周星驰的《大话西游》里有一段情节特别有意思，紫霞仙子为了证实至尊宝是否真的因为爱他的娘子才拒绝她，通过法术进入至尊宝的身体里，听他内心里最真实的声音，结果长得像椰子一样的心脏告诉紫霞仙子，他确实很爱他的娘子。紫霞仙子既感动又伤心，情不自禁地在至尊宝心里流下了一滴眼泪,出来后默默地离开了。后来,当至尊宝找回了白晶晶,准备要结婚的时候,白晶晶也钻进了至尊宝的身体里,问那颗像椰子一样的心,得到的答案是至尊宝还爱着另外一个女人,于是白晶晶也走了。紫霞仙子和白晶晶,一个是神仙,一个是妖精,她们都有法术可以刹那间进入对方的身体,听他内心里最真实的声音,了解他最真实的需求,而没有法术的我们如何才能找到去往对方内心的通道,并且在对方的心里安营扎寨呢?

在我的引导下,露丝继续深入地感受和回忆,她竟然发现,三十岁有余的她其实根本不懂恋爱。大学里的爱情为什么那么美好,不是因为他们懂得了爱情的真谛,而是他们青春有激情,在无忧无虑的大学里,爱情的价值就是做伴青春。然而进入社会,生活的环境变了,生活的态度变了,人们内心里的价值观也变了,自然,爱情的价值定位也会随之而改变。于是,接受不了这种改变的人会说:"不合适,分手吧,太累了。"

我持续地引导露丝在回忆中不断省视自己。她说,她从来都不知道对方想要的是什么,也从来没有真正地去了解对方的世界,所以她越发不会沟通,不会和恋人相处,觉得能收获一份幸福完美的爱情就是让对方疼爱自己,听自己的话,为自己做任何事。

的确，很多人恋爱、结婚都是想找到一个这样的人，和自己相伴到老。那么我们再深入地思考，我们要求对方满足我们的心思，那对方呢？他们的思想和需求我们满足了吗？恋爱既然是为了觅得一个好的伴侣，终身进入幸福，那么我们就要把关注点放在对方的身上，这样我们才能探知出结果和未来。关注点在自己身上什么事也不会发生，因为这个世界上任何一个人都是一个独立的个体，别人永远不会按我们的想法去走。我们唯一能做的就是通过沟通，去了解你爱的人或者爱你的人内心深处的世界，及时给予帮助，来实现你在他世界里和生命中的价值，只有这样，他才永远不会离开你，他才会为你打开那扇收获幸福的门。

露丝透过窗户，看着宽阔的马路上来来往往的人，若有所思地说，她终于明白了，原来一切和距离无关，她的内心瞬间变得澄澈了，像桌子上沐浴在阳光里的玻璃杯。此时的她很想把杯子里面的陈茶彻底倒出来，重新注进一杯清香醉人的新茶。

最美的你：给你爱的人最好的爱情

如何让我遇见你，在我最美丽的时候。为这，我已在佛前求了五百年，求他让我们结一尘缘。结果佛说：百年修得同船渡，千年修得共枕眠。前世的五百次回眸才换来今生的擦肩而过。可见，在茫茫人海中，两个人能相遇、相识、相知、相守，是多么不易。

为此，我引导露丝进入她的内心世界，带着她小小的心愿，一起探索如何才能安守住一份来之不易的爱情。

我问露丝："如果我们谈恋爱，当对方有需要我们却不知道，当对方的想法和做法我们不理解，也无法给对方帮助的时候，对方的心里会是什么感觉？是不是会失落、会难过，甚至埋怨？"

她说："是的，以前恋爱的时候，我常有这样的情绪。"

"那么一个人之所以求助于另一个人，是不是因为他此时的能量不足，希望得到补给？"我接着问。

露丝说："对！在我心情低落或者有些事情不知道怎么办时，就感觉能量不足，总希望男朋友时刻陪着我，比如在工作上遇到问题，希望他能给我好的建议；一天的全情投入工作后，累得快散架了,就希望男朋友带我去吃顿好吃的;毕业了我害怕独自走进社会,特别希望男朋友能和我在同一个城市,陪我一起找工作,甚至幻想在同一家事务所工作。"

我接着问她:"当一个人能量不足的时候,他是不是希望能跟对方沟通、交流,希望得到对方的帮助和支持,通过这样的方式来给自己补充一些能量?"

"这是必然的!"露丝显得理直气壮。

那么,问题到底出在哪里呢?情侣之间和夫妻之间到底要达到一种什么样的状态呢?

如果两个人相处的时候自然而美好,能共同碰撞出很多有价值的东西,成为彼此的养分,互相滋养、成长,这样的一种关系是不是我们都愿意接受的,甚至长期依赖的?

其实,不仅仅情侣之间、夫妻之间,我觉得所有人之间的相处都应该是这样的。如果两个人在一起共同碰撞出来的状态是消极的,没有价值和意义,成为彼此伤害的利器,那么这样的关系是不是让人恐惧而想要迅速逃离?

在爱情的世界里,不理解、消极、猜忌、误会等导致的各种矛盾层出不穷,这说明恋爱过程中至少有一方的能量已经不足,这个时候的爱情就像一个漏了气的气球一样，那么另一方此时该怎么做？是给予鼓励、帮助，还是说一些更消极的话，让爱情的气球更快地漏气？如果是后者，那这种感觉是不是等同于在已经漏气的气球上又扎了一个洞，最后这个气球干瘪了，已经没有能量继续前行了，又何谈彼此的幸福和未来呢？

露丝终于醒悟了，原来爱一个人就要给他最好的滋养。不管和谁谈恋爱，都必须学着倾听对方内心里最真实的声音，去深深地思索究竟自己能给对方带来什么帮助，从而提升自己的价值，随时给对方补充能量。

是的，人世间的任何一种感情都是如此，夫妻、情侣、朋友、亲人相处的最好状态就是成为彼此的充电器，做一个随时随地有能力给别人提供养分的人，能成就他人，能时时刻刻滋养他人的心情和灵魂。这样的一种关系和相处的状态，怎么会没有未来呢？

露丝是个很聪慧的女子，一段时间恶补婚商之后，她渐渐找到了自己的核心定位，瞬间通透了很多。明白了这个被藏起来的秘密，她整个人的格局和思维都得到了本质的升级，她说："雅骊老师，我现在就想走出去真真正正谈一场恋爱，接下来不管跟谁在一起，我都要成为一个充电器，做一个能给别人能量和养分的人，不管相处的过程中，对方是否能给我充电，大不了，我就先给他充。但是，现在摆在我们面前的是一个很残酷的事实，我已经31岁了，不再年轻貌美，亲朋好友都说，这样的年龄要么找离异男子，要么找问题单身男。"

我看了看露丝依然精致水灵的面庞，问她："在你已有的人生阶段里，你认为最美的你是在什么时候？"

"大学的时候。"露丝不假思索地回答。

那个时候的她年轻漂亮，无忧无虑，在同学们眼里是个才貌双全的女生，是很多人暗恋的对象，最关键的是她还有一位良伴。可是后来，她喜欢的人远走了，她无忧无虑的心也跟着远走了，最后连青春也渐渐远走了，美丽这个词在心里越来越沉重，让她不愿提及。

我拿起了手边一杯余温犹在的茶，就着露丝的话一起喝了下去。其实，人生就像这杯茶，刚入口的时候可能有点涩，但却很解渴，再尝则口感甘甜，而且人们也很喜欢口腔里渐渐由涩到甜的那个缓缓的过程。其实我们的人生亦如茶，每个阶段都有一种美，关键是我们如何去欣赏自己的这种美，并给这种美重新定位。

无论是生活还是爱情，我们的美丽从来都和年龄无关，只和我们的价值和定位有关。什么才是最美丽的你？就是能把自身优势彻底释放，引爆男人对你的爱，给他无限滋养与动力的你！就好像35岁时的我，大病初愈后渴望一份爱情、一个温暖的家庭。那时候，在很多人眼里我是个不折不扣的婚姻特困户，皮肤黝黑，大龄离异，还带着一个13岁的女儿，看上去和美丽一点都不沾边。很多朋友取笑我，说我的条件完全不符合中国市场。面对朋友们的疯狂打击，我依然坚持，如果十几亿人的国度里没有我的市场，全球的60亿人呢？总会有那么一个人懂得欣赏我的美丽。最后，我成功为自己量身打造了一份让朋友们惊羡的爱情。

真正的美是由内而外散发出来的，真正的快乐也是由内而外传递出来的，年轻带来的美丽终究会消失，就像风吹过水面产生的美丽涟漪，风过后便再无痕迹。所有从外面得到的东西都将从外部消解，年轻带来的美丽也好，一个品牌包包带来的快乐也罢，都不是究竟。唯有我们内在的价值带来的丰饶和智慧才能陪伴我们走过幸福而漫长的人生，才能托起整个家庭的未来。

> **雅骊语录 YA LI YU LU**
>
> 在爱情的世界里，不理解、消极、猜忌、误会等导致的各种矛盾层出不穷，这说明恋爱过程中至少有一方的能量已经不足。

在幸福的彼岸如花绽放

咖啡馆之别后,露丝开始重新认识自己,认识这个社会,认识人与人之间的关系。她不再对爱情和婚姻感到无力和恐惧,因为她明白了,一个对别人有价值的人,到哪儿都是被爱的、被喜欢的。

爱一个人最好的方式首先是经营好自己,找准自己的定位,并且围绕自己的定位来配备所有的资源,释放所有的能量,最后直接命中目标,就如发送邮件,要精准投放,直达目标。露丝开始由内而外进行改变,全面用婚商智慧来武装自己,首先确认自己的核心优势。定位!

如何给露丝定位,是她引爆爱情的关键。

综合评估的结果:

品牌定位:老公事业与心灵的养护者。

特色风格:双面娇娃,理性与感性并存。

印象定位:善解人意的专业律师。

个人特长:喜欢旅行,善于聆听。

传播渠道:互联网,聚焦传播,精挑细选。

目标人群：欣赏律师职业的有眼光的男士。

露丝明白，要用轻松愉悦的氛围启动对方的感觉，把善解人意的价值发射到对方心里，以专业律师的职业素养引爆对方爱的能量，让幸福轻轻松松地追逐而来。

制订详细的婚商智慧学习计划，首先进入"定位"的思维，确认核心价值，并围绕核心价值来整理过往人生的精彩故事，完成恋爱的四部曲。

第一步：选人，用"定位智慧"来确认什么人适合自己，将信息精准地投放给合适的人群，并启动对方持续交往的意愿；

第二步：留人，用"沟通智慧"把自己的核心优势精准地发射给对方，在对方的内心世界里掀起波澜，并使得对方产生爱慕的感觉，心甘情愿地停驻；

第三步：迷人，透过释放爱的智慧来持续点燃对方爱与迷恋的动力，避开对方的魔鬼开关，让爱在彼此之间进入正向的循环与回流，用"正信念"的智慧与对方的精神进入深入连接的通道，源源不断地给对方更深入的爱与滋养；

第四步：嫁人，在合适的时机，选对人，完成整个人生的华丽转身。

定位清晰后，露丝马上投入丰富的幸福实践，同时拓展自己的业余生活和兴趣爱好，透过旅行来扩展自己的视野和见地，参加英语培训班，练习瑜伽，学习茶道和古筝，外形上将自己打扮成一个亲切、温婉的邻家女孩，言谈举止让人如沐春风。

四个月的时光如同我们手里掀起的书页，轻轻一翻，冷峭萧瑟的冬天转瞬就没了踪影。被尘封了一冬的上海也早已被淅淅沥沥的春雨洗刷得干净、透明,雨后的樱花、桃花在阳光下更显得娇艳、明媚。那天,我特意给自己安排了一个闲散的午后,在花园里翻土栽种,没有想到却被露丝的突然出现打断了。

还记得当时我手上沾满了泥,露丝见到我后不管不顾地扑在了我怀里,给了我一个紧紧的拥抱。

露丝穿了一件淡雅复古的粉格子连衣裙,头上还戴了一顶很田园风的帽子,精致的打扮中透着清新、甜美。我生怕手上的泥弄脏了露丝的衣服,轻轻地用手扶住她,让她先去客厅里等我,结果她难掩内心的喜悦,又给了我一个拥抱,并且说:"雅骊老师,你知道吗?我太爱你了,你就是我幸福的土壤。"

她没有回客厅,在园子里一边陪我种花,一边迫不及待地跟我讲述她峰回路转的新鲜经历。

原来,自从第一次恋爱失败后,露丝与父母的关系也出现了问题。露丝是家里唯一的孩子,她一直觉得如果不是因为父母的缘故,大学毕业后她完全可以去武汉,也许现在的她都已经身为人母了。然而,日渐年迈的父母却天天催促她结婚生子。一年又一年,时间的脚步在父母的催促中走得越来越快,露丝的年龄一天天增长,父母的头发也越发白了。父母的唠叨渐渐变成了责怪，露丝的隐忍也渐渐变成了埋怨和厌烦。露丝与父母之间亲近的关系因为个人归宿的问题拉开了距离，往日家里快乐、温馨的氛围渐渐被沉默包围、吞噬，直到战争爆发。

有一天吃晚饭的时候，在饭桌上露丝再也忍受不了父母对她喋喋不休的唠叨，最后跟父亲大吵了一架。

父亲说："要是你没有成家，做父母的死了也闭不上眼睛！"

结果露丝竟然不分轻重地说："以后我的事你们不用管，我知道自己应该干啥，你们也操心不了我一辈子，就算是将来死了、没了，你们也不用去惦记我，我肯定能过好自己的生活。"

这话一出，让没有儿子而遗憾了大半辈子的父亲顿时寒透了心。父亲将手里的筷子往桌子上一摔，吹胡子瞪眼说："我倒希望你是个儿子，不用担心你出嫁，还能给我娶个媳妇回来，我和你母亲还能老有所依，还能哄哄孙子，享受天伦之乐。"

露丝从小就知道父亲一直都想要再生个儿子，只是母亲考虑到自己的工作死活没有再要。显然父亲的话也深深地刺痛了露丝。过往烟消云散的一些不快又如暗涌的潮水般拍打着她记忆的沙滩。性别是父母给的，她无从选择，想到这里露丝不想再争吵下去了，回房间收拾行李，索性就搬出去住了。

露丝在公司附近租了公寓，平日里只有周末才回家，可是就这样她与父母之间还是免不了争吵，直到她接触了婚商。

上次咖啡馆一别，露丝就马上进入雅骊婚商大系统，开始系统化地学习幸福定制。一次讲到子女与父母之间的话题，我问露丝："你希望寻找的伴侣是一个跟父母关系好、懂得孝顺父母的人，还是一个不太孝顺父母的人。"

露丝有些惊讶地说："当然得找个孝顺父母的人。"

我接着问她："孝顺父母这件事你觉得有多重要？"

她说："非常重要，如果一个人跟他父母的关系都不好，那更别说以后会真心爱我了。"

我又继续追问："你确定吗？"她给我的回复是非常确定。

我说："那好，既然跟父母的关系如此重要，那男孩选择女孩的时候他会怎么想？"

她一下子就乐了，恍然大悟。那次课程之后，她就搬回了自己家，并且给她父亲下跪道歉。

她说："爸爸，非常对不起。以前你们唠叨我、催促我，是因为你们关心我、爱我，而我根本就不懂，不但不领情，还误会了你们，老觉得你们是在要求我，老觉得你们带给我压力。我今天终于明白了，一个对父母孝顺的人，才是值得别人交往的人。我跟生养自己的父母的关系都无法达到一个良好的状态，我拿什么来期待未来的伴侣跟我在一起能舒心、快乐？"

父亲听了以后感动得热泪盈眶，他的露丝终于长大了，虽然还没有嫁出去，但是他对女儿有了十足的信心。在父亲眼里，那一刻，露丝弯下去的是头颅，升起来的却是灵魂。

自打接触婚商后，露丝开始重新审视自己在父母心中的价值，体谅父母的唠叨、催促和良苦用心，更明白了父母对她深深的爱。与此同时，她也开始想，自己能为父母做什么？父母最希望得到的是什么？为什么父母每天都在唠叨她的婚姻大事？为什么父母总想着省吃俭用给她多存点钱？当露丝有了婚商的思维之后，她和父母之间的沟通就不存在障碍了。

露丝在花园里跟我说："雅骊老师，以前我实在太不懂事了，总是觉得父母的爱是理所应当的，接触了婚商，经过这一段时间的学习和成长后，我突然间发现自己长大了，发现父母苍老了。以后不管我去哪里，都会向父母申请，无论再怎么忙，我也要抽出时间来陪父母聊聊天，听听他们内心的声音，我一定要幸福，我要让他们骄傲地活在人前。"

重新定位了自己，改变了自己之后，露丝在家里和父母的关系越来越融洽，她甚至想让时光倒退10年、20年，然后好好做父母心中的乖乖女。可是，这时候问题又出现了。

因为定位清晰，传播渠道明确，仅用短短的5个月时间，露丝就在互联网上给自己淘到了一个宝藏——一位来自美国圣地亚哥的优秀男士，他在中国做生意，有一家规模不大但效益颇丰的公司。经过一段时间的交往，露丝在男士的心中留下了不可磨灭的印象，她的善解人意、她的风趣幽默、她的轻松与惬意，在对方心里牢牢地扎下根，这个美籍男士执意娶她为妻。露丝心里很喜悦，但同时也很惆怅，到底是该跟随未来的老公去美国，还是继续留在中国陪伴父母？一边是爱人，一边是父母，真的左右为难，不知如何抉择。

"美籍男子？"我放下手中的花洒，拉着露丝坐到了花园的椅子上。

此时的露丝脸上有些娇羞，她眨巴了两下水汪汪的大眼睛，跟我说："是的，雅骊老师，我恋爱了，他是一个美籍韩国人。"

在阳光下，我清晰地看见了露丝的眼里迸射出的幸福的光芒，她开始跟我分享她的新恋情。

男士是美籍韩国人，他们两个人是在互联网上认识的，起初他们只是在网上纯粹地聊天，渐渐地，男士发现露丝是如此与众不同，跟她在一起感觉不到压力，而是温馨、甜蜜，两个人一起聊美食，聊爱好，聊诗歌，聊健身，轻松而惬意。男士说，这就是他想要牵手走一辈子的人，露丝的品质让曾经遭遇父母离异的他倍感亲切、温暖，而且和露丝聊天的过程中，他发现露丝性格很好，很善解人意，能读懂他的内心，并总是能在他遇到困难的时候给他指明方向，和他一起分析利弊，出谋划策，是唯一一个能走进他内心世界的女孩。

男士的确认与肯定让露丝坚信，自己的改变是正确的。原来要走进一个男人的内心，让他对自己难以忘怀一点也不难——围绕自己的核心优势，去释放，去倾听，及时给予他所需要的能量。露丝的特质很明显，既理性又感性，在与别人相处的过程中，她既能出世又能入世。当男士谈工作的时候，露丝以理性的一面帮他分析，帮他排忧解难。当男士和她谈感情的时候，露丝又感性得像一湾温泉，瞬间能融化一座冰山。他们在网上聊了不到两个月，男士就强烈要求要来上海见她。

男士说："我这 36 年（他比露丝大 5 岁）的时光就是为了等待你的到来。"

露丝越发地清楚男士需要的是一个什么样的伴侣，他的心思已经完全在她的掌握之中。她答应了男士的要求，在上海相见。见面的时候露丝选了一件精致的真丝旗袍，既优雅又知性，言谈举止都让男士着迷，他认为自己的感觉一点也没有错，这就是他一直追寻的梦中情人。

露丝已经完全占据了男士的内心，所以男士反馈给露丝的自然也是无比的珍惜和疼爱。两个人见了面以后，男士留在上海与露丝一起在上海周边游玩了7天，他希望露丝能做她的女朋友，甚至是以后相伴一生的妻子。

露丝很为难，男士确实很符合她的择偶标准，但他是美籍韩国人，而且在美国的圣地亚哥有一份很好的事业，她没有理由让他为了自己放弃一切，就好像她也不能为他远离自己的父母一样。

露丝真诚地把自己的担忧告诉了男士，谁知道男士斩钉截铁地说："露丝，有爱的地方就是家，以后你在哪里，我就在哪里。"露丝被这个执着、帅气的男士征服了。他们很快就确定了关系，并且露丝已经带着男士回家见过了父母。父母对这个文质彬彬的韩国人特别满意，尤其是父亲，像是找到了失散多年的儿子。

眼下，在两个人的相处中，露丝越来越得心应手。她跟我说："雅骊老师，男朋友对我越好，我内心里越感到不舍，相比他给我的爱，我很惭愧。难道我真的要把他留在中国，让他一切从零开始吗？"

露丝左右为难的心情我特别能理解，因为我也有过这样的经历。

我开始引导露丝，我问她："你觉得你是个孝顺的孩子吗？"

露丝表现出一丝惭愧的神情，然后回答我说："以前不是，现在我想做一个孝顺的女儿，想陪在他们身边。"

"那你知道什么是真正的孝顺吗？"我继续问露丝。

露丝很淡定地说："陪在父母身边，照顾他们，饿了给他们做饭，病了带他们去医院，孤独了陪他们聊天或者带他们去旅游，等等。"

我微微一笑，对露丝说："你说得很对，但人生的孝顺，分三种境界，你看你在哪一种境界。"

第一种孝顺就是陪在父母身边，照顾他们的饮食起居，随时陪父母聊聊天，父母需要买的柴、米、油、盐、酱、醋、茶、药，不用等他们说你就给备好了。这种孝顺叫小孝，小孝就是对父母的陪伴。中孝叫传承，父母有一个心愿未了，我们能够传承下去，帮他们完成心愿。比如，父母原来是做医生的，希望儿女将来能继承自己的衣钵并发扬光大，于是儿女就会去从医。比如，父亲一直想当警察，一生却与警察这个职业失之交臂，他想做儿子的来帮他完成这个梦想，于是儿子最后成了一名优秀的警察。这种孝叫中孝，传承了父母的思想，传承了父母的衣钵，继承了父母的事业。第三种孝是大孝，什么是大孝呢？大孝就是让父母活得有尊严，他们可以在人前挺直了腰板大声说话，儿女成为父母精神上的依靠和心灵慰藉，只要提起儿女，内心就充满了无限的力量与骄傲！

如果我们30多岁了还没有结婚，我们的父母会不会被别人天天问："哎，你们家姑娘结婚了没有，到现在还没有对象吗？这么大了该着急了。"人家是当着我们父母的面说得这么委婉，背地里呢？或许会跟其他人说："谁谁家的女儿，都30多岁了，估计难嫁出去了，那么大个女儿养在家里也怪愁的。"

甚至还有更难听的揣测，这些话传到我们父母的耳朵里，他们心里必然很难过。一个人一辈子都无法避开被人谈论，要么是他人茶余饭后的谈资，要么是他人学习的楷模，你只能选择成为其一。所以，大孝就是让父母从此活得有尊严，让自己幸福，成为他们灵魂上的骄傲。

做父母的在人前开心、快乐，出门如沐春风、神清气爽，生活自然就会美好。如果我们的父母每天听到的都是一些负面、消极的语言，这些信息就如咒语一般时时摧残着他们的心灵，病魔就会来绑架他们的身体。为什么现在有很多人会得癌症？就是因为他们每天、每时、每刻都在用消极的思想摧残自己的身心，每天想着悲伤的、痛苦的、不如意的人、事、物。试想每天活在阴郁中，人们的细胞怎么会不产生阴影呢？

露丝听了之后瞬间开窍，她跟我说："雅骊老师，我终于明白了为什么平日里爱下楼和邻居们下象棋的父亲突然总是在家看报，母亲也很少和她的姐妹们相约喝茶，改在家里看电视。"

露丝听了我的分析，决定要让自己的人生和父母的人生都得到最美的绽放。回去后她依偎在父母怀里和他们深谈，原来的确有好长一段日子，父母不愿意下楼，买菜遇到熟人也不敢多打招呼。深谈过后，她才知道父母唯一的心愿就是她能有个幸福美好的未来。她过得好，就是对父母最大的孝顺。

父母的爱就是她最大的原动力，这两个大型充电器，一直都在给她充电。想到父母的爱，想到温暖的家，她突然什么都不害怕了，生命被激活了，那种自然的、由内而外的力量瞬间得到了爆发。一切都不需要再添加，只需引爆，顺其自然跟着内心的声音走即可。

露丝和那位美籍男士开始了真正全情投入的热恋，他们的爱战胜了所有的距离。男士说："他们是拥有多个故乡的幸福孩子，他们的生活像在度假和旅行，他们可以一段时间住在美国，一段时间住在中国或者韩国。"谈了一年半的恋爱之后，露丝跟随男士去了美国的圣地亚哥。

目前，露丝每个季节都会抽时间回中国住几天，有一次回来，她跟我们的学员分享说："没有想到幸福真的可以量身定制，有了定位，就知道什么是自己的核心优势，把优势发挥到极致，就是对他人最大的福报与帮助。当我们成为他人的充电器，有能量托起他人的幸福，成就他人的时候，其实也是在成就我们自己，为我们自己充电。"

现在的露丝已经在美国拥有了幸福的家庭，而且还顺利考下了美国的律师从业执照，在圣地亚哥找到了一份稳定的工作。更不可思议的是，露丝年近60岁的父母出国住了一段时间回国后，都能和小区那些孩子们用简单的英语交流了。

此时，露丝的生命就像一朵花一样，正在幸福的太平洋彼岸一瓣一瓣地绽放开来，给人以芳香。不管未来什么时候，在什么情况下，雅骊婚商大系统永远是像露丝一样已经学有所成的幸福女人的加油站，只要她们需要，大门永远为她们敞开。

茫茫人海没有谁只为谁守候，却总有人今生为你无怨无悔地沉沦。

每个人灵魂深处都深藏着一个为爱人停留的空间，存储一切过去的记忆，只为今生的遇见……

我们期待在滚滚红尘中拥抱爱，从此彻底引爆生命，与命中注定的那一位活出全然的喜悦，与自由的灵魂欢畅地连接，纯然地去爱，彻底绽放与觉醒。

不管你过去是因为犹豫纠结错失缘分，还是心灵伤痕累累不敢重新开始；也不管你是处子之身，从未经历，还是独身太久，不敢轻易进入一份亲密关系；不管你是暗恋却无果，还是相爱却不能相守，不管你是离异，还是大龄，单身的你都值得拥有打开幸福之门的钥匙，因为此刻，你有机会来重新认知自己、丰盛自己、成就自己，每个人都有独到的天赋，而大部分人弄丢了自己的特质，唯有当你活出你的天赋，找到引爆你生命核动力的钥匙，你才会活出你的荣耀、你的鲜活、你的绽放、你的唯一，你才能遇见那个可以陪你一起进入生命真相的 Ta。

当你的内在准备好，恩典足够，请相信，那个对的 Ta 就可以跨越心隙间的鸿沟，没有早一步，也没有晚一步，在你心灵的拐弯处与你邂逅。只有爱才能让我们峰回路转，在灵魂的回眸处重见彩虹，走进幸福，走进爱……

083

婚商——定位，幸福扑面而来

Y 雅骊语录
YA LI YU LU

每个人灵魂深处都深藏着一个为爱人停留的空间，存储一切过去的记忆，只为今生的遇见……

chapter4
定位：永不苍老的爱情

——是什么苍老了我们的爱情？

一条棉被和一碗鸡蛋面的幸福

　　我听过很多故事,却从来没有听过如电影情节般的故事。也正是如此,我更坚信优秀的电影和文学作品都来源于平凡的生活,它们的美不需要任何修饰和添加,只需要真实的还原。

　　青青,一个来自河北廊坊的女孩,没有江南女子的温柔、婉约,却有北方女孩特有的热情和大方。她来雅骊婚商的时候已经到了谈婚论嫁的年龄,她有一个很爱她的男朋友,但是她却恐婚,我当时特别惊讶,当我听完她娓娓道来的故事之后,惊讶变成了惊喜,因为我仿佛看见了一对幸福的人正在教堂里举行浪漫而感人的婚礼……

　　青青出生在廊坊一个普通的农村家庭,家庭条件不是很好的她从小就渴望通过知识来改变命运,所以她努力学习,在学校里成绩也总是名列前茅,高考的时候更是以优异的成绩考上了北京的一所重点大学。也就是在这所重点大学里,她遇见了一份刻骨铭心的爱情。

　　以前一门心思应付高考,青青根本无暇顾及课程以外的书籍,到了大学,她如跳出井底的青蛙,历史、文学、政治、军事各方面的书她都看得如痴如醉,在学到知识的同时,她更是开阔了眼界。只要在书的海洋里,她就犹如一条快乐的小鱼,可以自由而欢畅地遨游。尤其是有一段时间,她迷恋上了欧美名著,《安娜·卡列尼娜》《茶花女》《傲慢与偏见》《呼啸山庄》《乱世佳人》《苔丝》《简·爱》……她掉入了欧美文学的"漩涡",越陷越深,她有好长一段时间都在纳闷,为何自己那铜墙铁壁的心突然就变成了玻璃做的,常常因为名著里的某句话、某个情节、某个人物忍不住哭得一塌糊涂。

还记得那是一个仲夏的傍晚,学校里的地面上仍然留有白天的余热,因为第二天是周六,室友们约会的约会,购物的购物,留下来的一两个同学也是趴在电脑前痴痴地看泡沫剧。现实世界里的孤独和冷清她早已习以为常,于是青青和往日一样独自去阅览室里看书。当时的她在阅览室一个无人的角落里痴迷地读起托马斯·哈代的小说《苔丝》,里面女主人公苔丝最后为爱而死的悲惨遭遇让她泪流满面。虽然看完了书,她的心却久久走不出来,她仍然在来回翻阅。忽然,阅览室停电了。安静的阅览室一下子热闹了起来,同学们嘈杂的喊叫声把青青拉回了现实中。别的同学都是结伴而来的,唯独她是一个人,而且还是在人少的角落里,她心里顿时产生了一种强烈的不安和恐惧。她双手环抱起双膝蹲在墙角,无助的她想起了小时候很多个晚上,父母吵架摔砸东西的情景,她认为将头埋在双膝里是一种自我保护,从小就习惯了这样的动作,当然她也无数次幻想过,有那么一个人能给她带来一丝"光明"……

于千万年之中,时间无涯的荒野里,没有早一刻,也没有晚一刻,遇见了你所要遇见的人。于千万人之中,茫茫人海的空间里,没有早一步,也没有晚一步,爱上了你所要爱上的人。是巧合,抑或是冥冥中的缘分。一切都无关紧要,只是想轻轻地与你说一句:"噢,你也在这里?"

正当青青内心里祈祷赶快来电的时候,一小束光照在了她蹲着的瘦小的身子上,她诧异地抬起埋在双膝里的头,只见一个高挑、穿着干净而朴素的男孩左手怀抱着一本经管类的图书,右手拿着一个小小的手电筒。刹那间两人四目相对,目光里有诧异,有欢喜,有好奇,有羞涩,当然也有一丝一闪而过的光亮。

男孩说:"你怎么在这里?"

青青很纳闷,反问道:"我们认识吗?"

"嗯,第一次见到你是在一次上台领奖的时候,当时你在我前面,我们擦肩而过,后来在这里经常看见你。"男孩有些羞涩地说。

"原来是这样,你记性真好。你手里拿的是什么书?"青青说。

……

都热爱读书的他们就这样借着一束微光聊开了,短短的十分钟,他们就走进了彼此的内心,产生了好感。一个五分钟又过去了,眼看着阅览室的灯是不会再亮了,很多同学也纷纷离去,男孩提议送青青回宿舍。

9点多钟的学校因为停电变得异常安静,男孩送青青回宿舍,可是他们却不知不觉走到了学校的池塘边,借着皎洁的月光,他们在柳树下继续聊人生、谈理想,谈笑间他们不时羞涩如月光下含苞欲放的荷花,两人都感觉相见恨晚。随后的相处,他们不知不觉地就进入了恋爱的状态,那一年,男孩22岁,青青21岁。

男孩出生在江西的偏远山村,家庭条件不好的他从小就形成了自强、进取的性格。在北京上大学期间,不管是生活费还是学费,他竟然没有花家里一分钱。男孩有理想,也有担当,成绩优秀的他已被保送在本校读研,但是考虑到家里年迈的父母,他想早点进入社会,早点实现自己的创业梦想,早点让父母过上好日子。

青青为了支持男朋友,也放弃了留校读研的机会,决心陪他一起进社会打拼。深受感动的男朋友对青青更加珍惜和疼爱。经过两年的爱情打磨,他们早已成为对方心里的唯一。眼看着就要到实习的阶段了,为了方便找工作,他们索性在学校附近租了一个一居室的房子,搬离了学校。

青青说刚搬出去的那段回忆如同咀嚼新鲜的莲子，有苦有甜。

那会儿，出租屋里除了一张简易的钢丝床，什么都没有。在寒冷的冬天，只有两个炙热的灵魂拥抱着、期待着、幻想着。有一天，男朋友感冒发烧得厉害，出租屋里的暖气不热，外面的西北风像发疯的狮子在窗外咆哮着，似乎能随时冲进来吞噬他们的身体。面对蜷缩在被子里却依然瑟瑟发抖的男朋友，她该怎么办？经济拮据的青青无奈之下偷偷跑去医院献了400毫升血，换了200元和两盒感冒药。之后她跑去市场花了95元买了一条新棉被，花了50多元买了些肉和水果。回到出租房的时候，天已经黑透了，风依旧不停地刮着，当时，她有些疲惫，准备给男朋友炖肉，却发现锅里已经煮好了西红柿鸡蛋面，躺在床上的男朋友说："这么大冷天的，你去哪儿了？赶紧到被子里来暖和暖和，然后我们好吃晚饭。"当时青青看到说话都有气无力的男朋友，忍不住哭了。

青青说那时候的他们什么都没有，穷得只剩下了淳朴、真挚的爱情。在那些穷困潦倒的日子里，是一条棉被和一碗鸡蛋面的温情支撑他们走过了最美好，也最"苦逼"的青春。然而，现在什么都有了，爱情却成了奢侈品。

婚商——定位，幸福扑面而来

Y 雅骊语录
YA LI YU LU

优秀的电影和文学作品都来源于平凡的生活，它们的美不需要任何修饰和添加，只需要真实的还原。

是什么苍老了我们的爱情？

青春是无情的蜕变，昨日还在夕阳下一脸纯真地微笑，今天就变得像个迟暮老人般长叹芳华。偶尔翻开旧照，一张张稚嫩的面孔仿佛老墙下孤自缠绕的牵牛花，依旧盛开。在如诗的年纪，爱情像飘落的细雨醉了年月。再回头，雾尽云散，谁还能诉说那遥远时光里残留的芬芳，谁又能明白究竟是什么苍老了我们的爱情？

大学毕业后，青青和男朋友都找到了不错的工作，但是每个月四五千块钱的工资根本满足不了男朋友迫切想要给家人以及青青幸福生活的愿望，他想要创业，哪怕是从摆地摊开始。青青的心永远是跟着男朋友走的，得知他真的要辞职摆地摊，她没有半点怨言，而是义不容辞地说："你放心去吧，我的工作完全可以保障我们的基本生活，我相信你一定可以的。"

有了青青这句话，男朋友便风雨无阻地走上了创业的路。没有创业资金的男朋友和几个朋友从摆地摊做起，通过六年的打拼，他不但在北京开了5家服装店，还在北京的四惠买了一套100多平方米的三居室以及一辆大众帕萨特轿车。男朋友的努力没有辜负青青的信任和支持,他也实现了对青青的承诺,让她在北京拥有了安稳、幸福的生活。虽然还没有领证结婚,但是男朋友已经在房产证上写上了青青的名字,而且家里也完全是根据青青的喜好装修的。

然而,经济条件越来越好、生活越来越有质感的青青却一点也不觉得快乐和满足。青青很惆怅地跟我说:"雅骊老师,我始终想不通,为什么很多的爱情经住了岁月的风霜雨雪,却经不住岁月的春暖花开?"

看着脸上写满了忧伤的青青,我轻轻反问她:"究竟是什么让你产生了这样的想法?去体会你这个想法背后的事件是什么,你在这个事件中究竟有什么样的伤痕?"

青青的眼睛开始变得有些湿润,原来这一切还得从那条棉被说起。

男朋友一直都不知道陪伴他们度过了六个寒冬的棉被竟然是当年青青用血换回来的。在这不长不短的六年里,他们搬过好几次家,每次搬家都会扔掉一些旧东西,但唯独这条棉被青青一直没有舍得丢弃。可是当他们新房装修好入住不到一个月的时候,有一天晚上,男朋友竟然嫌被子太旧了,盖得不舒服,要求青青把被子扔了,置换新的被子。青青一听心里就很难过,她想:"为了买这床被子我去卖血,你怎么能说扔就扔,说换就换呢?"

青青沉默了良久说:"扔了怪可惜的,在北京消费高,我们要勤俭节约,更何况我已经习惯了被子上的味道。"男朋友一直都以为被子如青青当初所说的,是发传单挣钱买的。

过了好几天,男朋友见旧被子还是原封不动地铺在床上,他心里想着也许是青青舍不得花钱,于是就自己去商场花了3000多元钱买了一床上好的蚕丝被,趁青青不在家的时候偷偷把旧被子换下来,扔到了楼下的垃圾桶里。等青青晚上回来发现的时候已经来不及了,她下楼去垃圾桶里找过,旧被子已经不见了。

青青说,那天晚上她辗转难眠,虽然新买的被子很软和、很温暖,但是她内心里却冰冷刺骨。从那以后,她经常感觉男朋友不如从前那般爱她了。

以前男朋友每天再忙都会抽出时间来,牵着她去马路上散步、谈心。男朋友再累也都会帮她分担家务,而且还经常下厨房做鸡蛋面或者煲爱心汤给她喝。而现在呢?男朋友经常出去应酬,把她遗忘在家里独自用餐。两个人的交流也越来越少,男朋友一回来就说困了,然后鞋袜都不脱,倒床就睡。好不容易有个不困的时候吧,却躺在床上玩手机。以前男朋友会嫌青青太瘦,要她多吃点,现在呢,却说青青该减肥了,偷偷给她办了张健身卡。

青青说男朋友对她的要求越来越高了,老是催促她应该多出去见见世面,提升自己,但她都懒得去想。自从住进精装修的新房后,他们的感情就越来越淡了,他们时不时地吵架、拌嘴。有一天男朋友明明自己回来晚了,还先发制人地说:"眼看日子越来越好了,你怎么变得这么多事了,你以前不是这样的啊。"男朋友哪知道青青在家里因担心他的安危而迟迟不敢入睡,最后气得够呛的青青索性就说:"好,以后我不多事,以后要是12点不回来,你就别回来了。"男朋友以为青青说的只是气头上的话,并没有当真。结果有一次他应酬到1点多,回家后发现门已经被反锁,任他怎么按门铃也无济于事,他打电话给青青,青青说:"你别回来了,住外面吧。"男朋友无奈,在车里凑合了一晚上。

后来只要男朋友一回家晚了,青青就赌气将门反锁,她以为几次下来之后他自然就会改变。没有想到的是,后来男朋友学"聪明"了,到了12点以后,他就不回家吃闭门羹了,索性就去酒店开房,或者找朋友接着玩。

其实每次男朋友按门铃的时候,青青都没有入睡,甚至就躲在门后面。青青只是想男朋友给她认个错,给她一个不再晚归的承诺。

让她失望的是，后来男朋友连按门铃都省了。青青气得火冒三丈，男朋友却也觉得非常委屈，他应酬都是为了这个家，而青青却越发不理解他。

曾经相濡以沫、如胶似漆的爱情，就这样被岁月的洪流冲得越来越淡了。以前他们相顾无言都是爱，现在相顾无言全是怨。青青想过要放弃，但是她实在舍不得，更何况七八年的青春都搭进去了，其实男朋友也不愿意放手，毕竟曾经有那么多美好的回忆，他一直在等与青青领证结婚，因为他已经习惯了青青无微不至的照顾与爱。

青青就是在这种进退两难的时候，走进了雅骊婚商。美好的爱情从来都不会因时间而苍老，它如同一坛酒，只会越陈越香。然而，它之所以变了味，一定是酒本身发酵得还不到位，与时间无关。

美好的爱情从来都不会因时间而苍老，它如同一坛酒，只会越陈越香。

安住我们胡思乱想的心

男人为什么一有钱就变心?这是困扰很多女性的一个话题。

青青坐在我对面沉默了很久,问我:"雅骊老师,我真的不知道问题出在哪儿了?以前条件不好的时候我们感情特别好,谁也离不开谁。他条件好了以后就变了,我在他心里似乎可有可无了,这种落差我接受不了。"

"以前你们为什么感情那么好?当时是什么情况让彼此互相依靠?"我问青青。

青青突然变得很骄傲地说:"因为以前他条件不好,只有我能与他同舟共济,相偕风雨。"

"嗯,简单地说,就是以前你对他很有价值对不对?换句话说,就是你对他的生活很有用,你可以支持他,因为价值的关系,你们彼此谁也离不开谁,所以你们一起打拼、一起成长。"我接着问。

青青深深地叹了口气,垂头丧气地说:"是啊,那时候我对他有利用的价值,他刚开始创业的时候,生活费、房租都是靠我辛苦挣来的钱支付的,如果不是我一直支持他、陪伴他,他怎么会有今天呢？可是现在他什么都有了，却开始嫌弃我不够好了。"

说到嫌弃，青青开始了一连串的抱怨。她说男友有钱后变得讲究了，常常嫌弃她穿着打扮太土，要她去商场买品牌衣服，去美发店做头发，也嫌弃她太胖了，要她去学瑜伽、做健美操。男友还嫌弃她一个月几千块钱的工作没有出息，说什么要么跟他一起打理服装生意，要么回家专门照顾他……

青青说："雅骊老师，你知道吗？正是我这没有出息的工作帮他度过了最困苦的日子，就是因为以前太心疼他，所以我才变得那么勤俭节约。"

"嗯，我理解。那你当初为什么那么义无反顾地跟随他，他究竟有什么，值得你把自己托付给他？"我试图把青青从抱怨的情绪中拉回来。

"以前他对我好，有责任感，有上进心，我肯定他能创出一番事业来，能给我踏实、稳定的生活。"青青说。

显然，青青的男朋友也是有很大的投资价值的。青青在前面的讲述中说男友忙于应酬，经常夜不归宿。可是男朋友整夜不归的结果并非他一个人导致的，青青又何曾仔细想过他在外面奔波、应酬是为了什么？青青并没有找男友心平气和地沟通，她只是单纯地要求男友，并且一直觉得以前自己为他付出太多，所有的要求都是理所应当的。正是因为这理所应当，青青开始了毫无根据的胡思乱想。

再好的感情也经不住一个人的胡思乱想。我问青青："男友对你的'可有可无'是你想象出来的还是真实的？如果你们两个人真的没有了感情，那为什么还会在一起，你们在一起是为了什么？是有共同的财产，还是有共同的孩子？"

青青说他们没有共同财产，男朋友的车子、房子、服装店都是他自己打拼出来的，她只是在他创业初期的半年里用自己的工资接济过他，后来都是他在照顾她的饮食起居，而且他们没有领证结婚，更没有共同的孩子。

我继续引导青青："你们恋爱同居这么多年了，为什么还不结婚？是谁不想结婚？"

"其实关于结婚，男友经常催促我，是我害怕，前几年没有答应他是因为当时没有在北京买房。男朋友家在江西，我妈担心我若是远嫁过去以后会受很多苦，生活中难免磕磕碰碰，吵架受委屈了只能自己一个人扛，所以爸妈不同意。我自己对婚姻也十分恐惧，因为从小我就是在父母的吵闹中长大的，我很怕自己步他们的后尘。后来男友在北京买房了，我们之间的感情却不如从前了，现在是不知道应不应该嫁给他了。"青青说。

"也就是说,你男友这么多年其实是一直在等着和你结婚,是你一直在拒绝他。"我的话一出,青青突然有所觉悟,她说:"雅骊老师,好像还真是,其实他父母一直都在催促他,希望他早点成家生子。"

"嗯,很好,那你现在想一想,自从有了钱以后,男友对你好的地方有哪些?"我说。

青青开始沉浸在甜美的回忆中:"男友的银行卡都是交给我管理的,他刚买车的时候兴奋地载着我围着北京绕了一圈。现在我所有值钱的首饰、衣服、包包、鞋,都是男朋友给我买的,他在外面应酬发现了好吃的菜,过后都会单独载我去品尝,他要买什么东西都会和我商量,征求我的意见……"

在青青的回忆里,男朋友不但依旧爱她,而且还是个特别爱学习,一直都在追求成长的优秀男孩。就是因为男友越发优秀,使青青产生了不安的心,致使她日日胡思乱想。

有一次,青青无意间看到男友手机里的一条短信,内容是通知他下午2点去某家酒店的咖啡厅,除了地址以外还有一句"不见不散"。青青看了一下发件人的姓名"雪儿",背脊立马就冒出了冷汗,紧接着又不由自主地翻查了男友的聊天记录,更不可思议的是,最近的通话里都出现了雪儿的名字。青青顿时手脚冰凉,本来还准备给男友做一顿丰盛的晚餐,后来也全然没有了心思,一阵胡思乱想之后,她决定不能坐以待毙,要偷偷跟踪他,看他到底见的是谁。青青为避免男友发现,于是先跟他撒了谎说有个好姐妹约她逛街,马上就得走。男友很爽快地答应了,他一点也没有想到,青青是为了先到酒店里潜伏。

青青说那天下午男朋友去得特别早,预约的时间是下午 2 点,但是他 1 点就在酒店的咖啡厅里坐着喝咖啡了,而且还特别要了一束玫瑰花。后来到了 2 点,来了两个打扮时尚的女性,年龄 30 岁左右。他们就这样坐在咖啡厅里边聊边吃着英式点心,青青坐在一个角落看着他们侃侃而谈的欢畅表情,眼泪不由自主地掉了下来。他们一直聊到下午 6 点,随后又去了一家私房菜馆,由于是会员制,青青被拒在了门外。执拗的青青就在门外傻傻地从 6 点等到了 9 点。青青说等的过程比死都难受,她的心都碎了,她似乎能听见心掉到地上破碎的声音。

从那以后,青青的心变得越发敏感,越发不信任男友。尽管男友跟她一再解释,咖啡厅的事情完全不是青青所想的那样,是因为他想扩展业务,希望有自己的设计团队,那两个女士是设计师,而且刚从法国进修回来,约会只是为了谈与她们合作的事情。

我继续深入青青的内心:"你有没有想过,你不信任他的真正原因是什么?这背后是对他的不信任,还是对自己的不自信,怕失去他?"

"雅骊老师,我好难过,问题全在我身上。其实当男友跟我解释的时候,我相信他一定没做出格的事,否则他的钱就不会交给我保管了,我只是恨我自己,为什么我不是那个海归设计师。说到底,我是个特别没有安全感的人。面对越来越优秀的男友,我很自卑,我感觉自己越来越跟不上他的步伐。他每天都在进步,他跟我讲的我越来越听不懂,我生怕哪一天他会离我而去。我的安全感来自他对我的重视,现在的我在优秀的男友面前什么也做不了。所以我好害怕,他那么优秀,外面有那么多优秀的女人,就算我信任他又能怎么样呢?如果别人要勾引他呢?人家都说男人追女人隔座山,女人追男人隔层纱。如今很多年轻漂亮的女孩都喜欢有钱的大叔,现在我还能抓住点青春的尾巴,要是以后结了婚、生了小孩,我就是个地道的家庭主妇了。我真的很彷徨,不知道该怎么办。"

逃避问题很简单,面对别人的问题也很简单,若要面对自己的问题却不是那么容易的事情。我很欣慰，在我的引导下青青不再逃避，逐渐面对了最真实的自己，她要给自己量身定制适合自己的幸福。

其实在生活中，每个人的情况不同、遭遇不同、环境不同、经历不同，就像这个世界上没有两片相同的树叶，婚姻也是如此。每个人都渴望幸福的婚姻是为自己量身定制的，拥有专属自己的幸福。

那怎么才能拿到量身定制的、有生命力的幸福呢？这个问题需要深入研究一下……

定制幸福与量体裁衣有异曲同工之妙，针对服装行业本身，服装设计师一定有一套量体裁衣的标准是所有服装设计师通用的。这样，只要设计师掌握了这个标准，就可以为客户精准地量体裁衣。调查下来发现，原来服装行业真有量体裁衣通用的五个标准：领围、肩围、胸围、腰围和臀围。只要把这五围的数据量准，这件衣服就是只为一个人设计的，其他人再无缘享用。

于是我就在思考，幸福婚姻是否也能找到这样的标准，如果能形成标准，未来人们生活中只要遵照这些基本的原则，幸福不就有据可依，有章可循了吗？

随着多年对幸福婚姻的不断摸索、跟踪调研，雅骊婚商终于找到了解码幸福的核心，本书首创的婚商指数，涵盖了孕育幸福婚姻的五个标准，这五个标准清晰地揭示了经营幸福的真谛，任何人只要精确掌握这五个标准，都可以轻轻松松地获得幸福。

生活中之所以有如此多的问题，只能说明一点，我们解决问题的能力不够强，多数生活中职位比我们高、薪水比我们多、事业比我们好、生活比我们幸福的人，无外乎就是在生活中解决问题的速度快、效率高、质量好，生命没有被消耗，时刻保持激情和动力，那我们只要找到解决这些核心问题的命脉，我们每个人都应该有能力拥有幸福才对。

那究竟哪些问题困扰了我们，让我们没有办法快速拥有智慧，享受美满人生呢？只要找到这些问题，逐个击破，我们的幸福不就有底气了吗？

从 2009 年至今，我培养的学生有数百人，听过婚商沙龙分享的客户有上万人，调研下来发现，有五个方面的问题，持续困扰着当下的每一个人。

第一个问题：人与人之间的情绪，找到人性的根本，这是人与人相处最大的障碍，找到解决情绪问题的开关，爱才会在彼此之间顺畅地流动，只要感受不到爱，受到的就都是伤害。

第二个问题：人与人之间做事的主要障碍，只要做事，就必须拥有定位的智慧，想让一件事发生，必须把一个印象精准地发射到对方的眼、脑、心、神，在对方心里牢牢占据一个位置，才会让一件事在彼此之间发生。

第三个问题：精神连接的通道，人与人之间如何透过一念，进入精神深度连接的快速通道，并由此轻松地找到彼此认同的信念与价值观，这是精神同频的智慧，话不投机半句多，有共鸣才有未来。

第四个问题：沟通，沟通是把所有的本事发挥出来的技能，任何人前行一步，都离不开一张嘴开路，成也萧何，败也萧何，如何最大程度地发挥沟通的本事，让好的行为和结果自然地发生，这是每个人都逃不开的，是你必须跨越的障碍。

第五个问题：亲密关系的互动，其中包括拥抱、亲吻、触摸、肢体语言、说情话、性爱六个维度，简称性福的问题。性福，就是因性生爱，因性而得到福报，性的能量就是生命的本能，驾驭好这份能量，生命就不会枯萎，而扼杀这份能量，生命就失去了源泉……

所以，只要有效掌握这五个幸福的开关，任何人拥有幸福就如探囊取物一般容易。接下来，我们详细探讨一下这五个指数标准。

指数1：爱商指数——找到人性的本源

人与人交往最大的障碍就是情绪问题，人类一切的战争归根结底都是为了爱，症结就在于解决人与人之间的爱如何流动的问题，要想让爱成功流动，必须创造能够让爱发生的土壤和环境。每个人都喜欢喜悦、平静、祥和的氛围，找到乐者一切都是享受，不乐者一切都是负担，所以你必须明白如何激活对方的天使按钮，而避开对方的魔鬼开关。只要激活一个人向上向善的动力并化解他的阻力，爱就会在彼此之间自然地流淌。爱没有中间值，感受不到爱，受到的就是伤害。

指数2：沟通指数——找到输出价值的本源

人类所有的问题都是沟通的问题，只要解决沟通的方向和宗旨问题，所有的沟通都能找到光明的未来，所以沟通就是解决人与人之间说话效率、说话质量的问题。能把所要表达的精准地输送给对方，并在对方内心留下深深的印记，为此次的沟通画下完整的句号，并为下次的沟通铺垫良好的基础，沟通在任何人之间都可以畅行无阻。这个世界做任何事，都离不开一张嘴开路，话一离口，非王即寇。

指数3：定位指数——找到做事的本源

这个世界上一切的流通都是价值的交换，不管是与人交往，还是与人一起做事，首先必须确定自己的定位，找准位置，才能巩固优势，把该给予的价值释放得彻底，并让对方清楚该承担的责任和该付出的代价，两相情愿一定是效率最大化的前提。定位清楚，主次的位置才能分明，不管是成人还是成事，生活中只有两种角色，要么成为领袖，引领他人、家族、行业向上、向善，向更高境界飞翔；要么心甘情愿地托起领袖，成就他人，顺带成就自己。定位就是定山头，该你为王的地方当仁不让，该你为相的领域，振臂一呼托起君王。

指数 4：同频指数——找到精神共鸣的本源

不管是面对爱人、孩子、父母，还是同事、合作伙伴、上下游等，思想不统一、意见不一致而产生分歧是常有的事，如何让双方不带情绪地找出一个双方都认同的价值观，从而互生出一个对彼此有价值的未来，在这个基础之上，一步一步地优化，最后达到同频。所有的共赢都从同频开始，只要解决了双方精神连接的通道问题，心灵沟通从此就变成零距离，任何困难都不再是阻碍，而是你前行的助力。如果精神不能同频，身在其中比死还难受。

指数 5：性商指数——找到生命动力的本源

所有亲密关系的破裂都是从身体互动的停滞开始的，爱人之间身体的距离就暗示着心里的距离，一个人伟大的生命力能否彰显，就看亲密关系的质量，一个人生命力的枯萎首先从亲密关系开始。性商指数包括拥抱、亲吻、触摸、肢体语言、说情话、性爱六大项，它们反映的是亲密关系的和谐与互动质量，包括对彼此身体接纳的程度等。性爱能否持续在生活中高质量地进行，决定着生命是鲜活还是枯萎，这是每一对夫妻都逃不开的魔咒，是必须深深思索和探讨的课题。

婚商大系统就是囊括这五个指数的幸福藏宝图，你要幸福，你就来……

人和人之间的关系都是因为两个字而产生的，那就是"需要"，需要即价值。美国著名心理学家马斯洛曾多年研究人的"需要"，并且提出了著名的"需要层次理论"。

马斯洛将人的需要分为五个层次：生理需要、安全需要、爱与归属感的需要、尊重的需要以及自我实现的需要。毫无疑问，生理需要包括对空气、水、食物、睡眠、性、保暖等的需要，是人类生存最基本的条件；安全需要包括安全和安全感，前者指客观的安全保障，不受攻击和伤害，后者指心理上的宁静和放松，不紧张，不害怕；而爱与归属感的需要，是指一个人需要与他人建立联系，融入集体或被群体接纳，获得爱与关心等，爱与归属感的需要得不到满足，人就会感到孤立无援；尊重的需要表现为个人希望得到自信、价值、能力、自尊和别人的尊重，追求较高的社会地位，得到社会的认可；自我实现的需要是人类最高层次的精神追求，是人在基本需要得到满足后希望更好地发展自我的一种积极动力，如更充分地发展自我潜能，令人生更有价值，追求完美、公正、科学创造、人生意义等。

为此，我们大家都可以想一想，上面的五个标准，哪个标准你已经达到？你能满足对方哪个阶段的"需要"？你又是否随时随地有能力满足对方的这种"需要"？

把心放轻，人生就是一朵自在的云。心静了，才能听见自己的心声，心清了，才能照见万物的实相。很多人只知道胡思乱想，男朋友不爱我了，老公变心有外遇了，却从来不认真想一想，他为什么要爱你，你的核心价值在哪里？他为什么会变心，你的好在哪里使你不可被替代？与其胡思乱想，不如稳住自己的心，提升自己的价值，做一个老公随时需要的女人。

就如同我们当今的国家主席习近平同志说的："女人是男人的脸，小彭为我长脸了，我愿意给她提包。"由此可见，主席夫人彭丽媛女士的核心价值一览无遗地呈现，主席也心甘情愿地服侍他心爱的女人。想让老公疼爱与珍惜，你就必须是一个给老公长脸的女人。

定位：永不苍老的爱情

Y 雅骊语录 YA LI YU LU

婚商大系统就是囊括这五个指数的幸福藏宝图，你要幸福，你就来……

幸福是需要经营的

幸福的爱情和婚姻有着相似的美满,而不幸的爱情和婚姻却各有各的不幸。

我们每天都会在雅骊婚商的平台上听到很多姐妹讲述着不同版本却有着相同结果的故事。在那些不幸的爱情和不幸福的婚姻里,女人总是受伤害的一方,为什么呢?原因只在于我们不会经营,没有驾驭婚姻的智慧。

人生处处是战场,有人说情场如战场,我想说的是,情场比战场还残酷,战场你还有机会举白旗,而情场中一旦失败,你连投降的机会都没有。例如,生出孩子了,你说你不玩了,孩子可以退回去吗?

精神上的成长是一生必修的功课,这辈子唯一不变的路就是成长的路,持续经营自己的核心价值,并把优势发挥到极致,让自己随时随地增值是女人一辈子的功课。你是一切的根源,你行,一切都行!

青青在我的引导下发现了问题的核心,原来这都是价值惹的祸。其实她以前也是有所感知的,只是一直不敢去面对,所以拼命地去抓住以前的一些过期了的"发票"。接下来，她决定要重新定位，找到自己的价值，挖掘生命的油田，和男友并驾齐驱。

两个人一起在爱情或者婚姻中行走，价值不对等的时候就好像一起出海游玩，一开始两人都划着小木船，在大海里优哉游哉，可是人都是有征服欲的，尤其是男人，喜欢速度与激情，当他悠游了一阵之后跟你说想换大油轮在附近转转。你想着反正在附近就答应了，结果他一换上大油轮就乘风破浪去了，一开始你可能还看得见，后来转着转着就不见了，你的小木船这时候想追也追不上了，只能在风浪里飘摇，甚至会有被海浪拍翻的危险。

"这时候的你怎么办？是继续划着小木船在你的附近找他呢？还是换上大油轮与他一起扬帆起航？或者是回到岸上无休止地责怪和谩骂呢？"我问青青。

为什么优秀的老公都希望自己的老婆能跟着自己一起升级思维、升级境界、升级人生呢？如果他的世界已经进入 3.0 的版本，而你还停留在 1.0 版的世界，那你和他怎么可能兼容呢？其实婚姻和爱情都要靠我们的智慧去经营，而不能盲目地付出和等待。

青青说："雅骊老师，我终于明白你说的定位为什么比生命还重要，因为没定位可能就没'命'了，在婚姻中价值决定一切，定

婚商——定位，幸福扑面而来

放下生活中一切让我们产生负累的人、事、物。

位定乾坤，没定位的女人就会成为生活的殉葬品，可是我怎么才能拥有定位的智慧呢？"

我们为什么必须给自己精准地定位？因为只有透过定位把核心价值提炼出来，你才能把优势发挥到极致，并在未来牢牢把握优势，聚焦、放大优势，直到你成为他生命的唯一。生命永远是扬长避短的旅程，这个旅程的一切连接都是"价值"。

有价值的给予就是贡献，一个能给别人提供价值和贡献的人自然是被认可和被喜欢的。就像我们的企业，如果很有价值，能满足客户的需求并能为社会贡献价值，能帮助国家解决单身男女的问题，帮助社会更和谐，家庭更和睦，配合国家的文化复兴计划，同时给同行企业所需要的帮助，那么我们的企业是不是肯定能做得很好？而且上下游会有很多的企业依赖着我们生存，让别人因为使用我们的产品而更幸福，这就是经营价值。经营就是给别人提供价值，然后你再从别人的需求中获得你需要的回馈。

青青明白了定位和价值的原理之后，开始了彻彻底底的改变，并下定决心要认认真真地经营好自己的爱情。首先她要给自己充电，提升自己的价值，于是她听从了男友最初的建议，辞去了看不到发展的工作，然后向男朋友申请了一笔学习资费，开始系统地参与婚商大系统的学习,并围绕定位构建自己的幸福大厦,安上定位和婚商大系统这两个翅膀,青青的幸福开始扬帆起航。

以前青青一直以为男友已经被她牢牢地抓在手心里,她丝毫不担心男友会嫌弃她,在穿着打扮上要多随便就有多随便,要多省事就有多省事。青青回去后往镜子前面一站,终于明白为什么男友不愿意带她出去应酬,而且仅有的几次应酬都要她先去商场买衣服,去美发店做头发。她明白了,原来自己是一切的根源,只要自己去学习、成长和改变,持续优化自己的价值,直到不可被替代,一切也都会随之而改变。她打开六扇门的大衣柜,天啊!她自己都被吓到了,她居然积攒了那么多衣服,但是真正找一件能穿出去应酬的却很难。她马上给自己做断、舍、离!

为什么这些年她感觉越活越累,单从她的衣柜来看就能得出结论。一个生活沉重的人一定是一个思想同样沉重的人,因为她什么都不舍得丢弃,注定是被牵制、被束缚的。所以佛说,要放下。放下什么?就是放下我们的心中的负累,放下生活中一切让我们产生负累的人、事、物。

青青将珍藏了多年的衣服以及各种对她并没有价值却占满了屋子的东西,该扔的扔,该送的送。这些东西没了,她顿时感觉整个人都神清气爽了,屋子里也显得更宽敞、干净、整洁了。定位先从最简单的外形开始,接着青青请了一位专业的形象设计师为自己的形象定位,让自己从头到脚全部焕然一新。"世界上没有丑女人,只有懒女人",新的装扮带来的美和自信让青青自己都觉得不可思议。

接着给生活中的自己做定位:只提供滋养,不提供垃圾……

以前男友一回来,青青除了抱怨,就是讲一堆鸡毛蒜皮的小事,比如明天吃什么,今天的菜和水果涨价了,衣服和油又要买了,公司里的谁又抱怨婆婆不好了,和老公计较什么时候给自己做菜洗碗,等等。因此,男友越发不喜欢说话,总是倒床就睡。学习和改变之后的青青发现,原来自己说的这些话确实很烦人并且没有任何价值和营养。于是她痛下决心,内外兼修,把自己练成了一个知性、温雅的女子。

男友回来后她不再围着他喋喋不休,而是微笑着问他累不累,接过他的皮包顺手递给他一杯温开水,然后一路歌唱着走进厨房把准备好的饭菜摆上餐桌。用餐的时候她也不再家长里短地说个不停了,她把对男友的爱全藏进了一些细微的呵护与关怀里。男友烦躁的时候,她就留出空间不打扰他,让他自己安静一会儿;男友开心空闲的时候,青青就帮他按按肩膀,揉揉头,讲讲身边的趣事。饭后男友找她说话,她总会用婚商的标准来问自己,说出去的话、做出的事是给自己加分还是减分,每做一件事她都会想一想,究竟会把自己和男朋友的未来带向哪里,加分就做,减分就不做!青青总是挑选一些有价值的信息传递给男友,相互学习。男友晚归的时候她也不再生闷气了,她开始换位思考,在外面忙碌了一整天的男友很晚才能回到家里,这时他最需要的是什么?肯定不是她抱怨的语言和冰冷的脸,而是一个温暖、舒适的家,一个温柔、体贴的好女人。于是,男友多晚回来她都会一直等,等的过程中或给男友煲养生汤,或看书,或练习瑜伽静心。男友回来得晚她也不再孤独了,因为找到了自己的价值,她渐渐地爱上了一个人悠闲自在的时光。男友即使回来晚了她也不再生气了,而是给男友捏捏脖子捶捶肩,对他说声"辛苦了"。

因为青青的改变,男友不再晚归了,即便有应酬也叫上她一起,生意上有什么事也都会找她商量。看到青青一直无怨无悔地付出,男友不无感动,一有时间他也会主动下厨为青青炖个美容汤,渐渐地,他们的感情又恢复如当初的模样。

有一天晚上,青青打电话给我:"雅骊老师,你就像是保佑我幸福的天使,谢谢老天爷让我在适婚的年龄遇到了你。是你让我明白了，幸福不是等来的，也不是我们能拼命抓住的，而是要用婚商去经营的。现在的我很幸福，我得到了男友加倍的疼爱，除此之外，我还真正地获得了尊重，因为经过学习和改变，我比他更会打理服装生意。我们准备年底去巴厘岛旅行结婚，婚后服装生意这一块交由我来打理，他已经寻找到新的项目做。现在，我不但找回了爱我的男友，还找到了真正有价值的自己。"

挂了电话，我给自己倒了一杯红酒，站在窗前一小口一小口地慢慢品尝，替青青感到高兴的同时也情不自禁地感慨起来。在我们这个有着十几亿人口的国度里，还有多少女性因为不懂婚商，不懂经营幸福婚姻的真谛，不懂围绕自己的价值做定位，配备一切资源来助推自己更幸福，仍然深陷在爱情或者婚姻的沼泽里苦不堪言。更让人心疼的是，很多女人都以为自己最后败给了时间，在时间的长河里纠结着、挣扎着老去，竟不知真相其实是自己败给了自己。

透过青青的故事我们可以看到，一个幸福的家庭源自这个家庭里有一个能够托起男人灵魂飞翔的伟大女人，这个女人知道自己的核心价值在哪里，只围绕自己的优势做文章，既不辛苦，又让爱人乐在其中。她在家里能加持伴侣、孩子，在外面能加持朋友、领导、客户。这样的女人最终会成为老公的"精神鸦片"，品相如红酒，随着时间的推移，只会越陈越香，越闻越醉人，越品越迷恋。

其实学习是从辐射一个人到辐射一个家庭的事情。青青的故事让我们明白，一个人不成长就会成为生活的殉葬品，同理，一个家庭如果停止学习就是整个家庭没落的开始。

雅骊语录
YA LI YU LU

幸福的爱情和婚姻有着相似的美满，而不幸的爱情和婚姻却各有各的不幸。

chapter5
定位：让婚姻从成功走向成功

—— 人们都说"失败是成功之母"，我却不以为然。

从成功走向成功

人们都说"失败是成功之母",我却不以为然。

如果说失败是成功之母的话,那也就是说今天我们在这个地方跌倒了,明天我们还继续在这个地方跌倒,后天可能依旧继续跌倒,直到跌得头破血流,然后就能坐等成功了吗?而事实是,失败是失败的母亲,成功才是成功的妈妈,就好像老母鸡永远生不出鸭蛋,猕猴桃虽然也叫桃,但它永远结不出真正的桃子!

成功就像盖大厦,第一栋大厦盖得很顺利,第二栋就会给我们更多信心,而盖第三栋大厦我们就会自信而坚定,这是我们从成功中找到了下次成功的方法和可能。如果第一次就推倒重来,第二次就会胆战心惊,生怕再推倒重来。所以,成功一定是在我们过往的经历中找寻成功的一面,然后如同砌砖块,是从成功走向更成功的未来。

关于从成功走向成功的经典案例非常多,就拿我们都很熟悉的演员孙俪来说,她从出演《玉观音》开始出道,凭此剧一举成名,后来有了前面成功的基础,她又成功出演了《一米阳光》、《血色浪漫》、《幸福像花儿一样》等热门的影视作品。2012年，一部古装宫斗剧《甄嬛传》更是让她人气大增，红遍大江南北。

出道十余年，从最初的清新俏皮到如今的女王范儿，她一直是从成功走向成功。最初她只是一个特别有舞蹈天赋的平凡女孩，凭借自己出色的舞姿，开始走进荧屏，在《情深深雨蒙蒙》里做伴舞，尽管那个时候镜头在她精致的脸上停留的时间不到一分钟，但就是这短暂的舞蹈演出奠定了她如今成为影视当红明星的基础。

个人价值、个人形象的提升，让孙俪在荧屏上获得观众的支持和肯定，她不但从成功走向了成功，还从成功移植到了幸福，从幸福走向了幸福。前些日子，她在微博上公开了一组和家人在海边幸福游的合照，并且宣布自己又要当妈妈了，她把自己的成功从事业嫁接到了家庭，在家里获得了老公的尊重和疼爱。

刘德华也是从成功走向成功、从成功获得幸福的典型。他出道前歌唱得也不错，所以他将自己定位成一名歌手。之后他一举成名，在唱歌的领域里成功了。他又不断地突破，提升自我的价值，成功获取了四大天王之一的头衔，从歌手变成了影视明星，荣耀、地位、财富、名望都有了。站在成功的基础上，他又开始走向另一个成功，成功嫁接幸福，如今的刘德华也是一位慈爱的父亲，懂得宠爱妻子，是个令人羡慕的老公。

成功是一个连锁反应，失败也是个连锁反应；幸福是一个连锁反应，不幸福也是一个连锁反应。

成功的人和幸福的人都有一个特点，就是善于定位，善于从自己人生的经历中寻找一个能快速切入成功的点，然后不断释放，不断提升，不断获得无限的能量，不断成功。

记得有一次我在公司楼下理发，本来我打算把头发随便剪短一些就走，结果理发师在给我剪发的过程中不断地和我沟通，从沟通中了解到了我的喜好、需求，最后理发师把我要求的"随便"剪得完全合乎我的心意。理发师见我很满意，趁机给我推荐了他们店里的年卡，我一想，反正也经常剪发，这家店就在公司楼下，而且剪得不错，就索性办了一张。谁知道，后面我再接着去剪发的时候又被成功推销办了他们店里的美发卡、美容卡，由一张 2000 元的基础卡开始，到后来的 5000 元的美发卡、3 万元的美容卡，他们就成功从我这里拿走了近 4 万元，而且后续的爆发力更强，他们还给我推荐各种保健品，说我的身体属于亚健康状态。他们从成功到成功的这些步骤，把我牢牢地套在了他们的店里。

我常听女人说，要成功锁住一个男人太难了。看了上面美容院的案例，你就明白了，难是因为你没有把握成功的脉络，只要你明白了从成功走向成功、从幸福走向幸福的定律，只要你持续经营自己的价值，而这些价值恰恰又能满足对方的需求，就像我被美容院套牢一样，他也会乖乖地被你套牢一辈子，你自然也会获得你想要的一切，关键的前提是，你得有他要的价值。

> **Y 雅骊语录 YA LI YU LU**
>
> 成功的人和幸福的人都有一个特点，就是善于定位，善于从自己人生的经历中寻找一个能快速切入成功的点，然后不断释放，不断提升，不断获得无限的能量，不断成功。

心有灵犀一点通

"身无彩凤双飞翼,心有灵犀一点通。"最美好的爱情不是像彩凤一样能长一双翅膀,可以随时飞到爱人身边,而是如灵犀一般,能随时进入对方的世界,不管远近都心灵相通。

很多人都以为相爱的两个人能时时刻刻在一起,能有说不完的话,这就是幸福。其实不然,两个真正相爱的人注重的是"身、心、灵"三位一体的沟通,注重彼此在一起是否会让双方的生活变得更美,有时候甚至不需要语言,仅仅一个眼神、一个表情就能想对方所想,乐对方所乐,思对方所思,忧对方所忧。给予对方需要的价值,这样的两个人相爱才会有未来。

从古到今,懂得这个道理的人很多,然而失败的爱情却总是层出不穷。原因在于,很多人都没有找到幸福的核心定律。

接下来我要讲的是我的一个学员小云如何成功找到幸福的核心定律,从成功走向成功的故事。

小云来自安逸、美丽的四川。我们初次见面约在北京后海边上的一个酒吧里,她给我的第一印象特别甜美,满脸的笑容如夏日里绽放的向日葵般灿烂、热情。当时我还很纳闷，这样的女子怎么会需要帮助。

小云是一家家装公司的高级设计师，从小学习美术的她对美有着独特的视角，在色彩的搭配上也渐渐形成了自己独树一帜的风格。她从事了五年的家装设计，在家装行业里已经小有名气。她和我谈起她的事业时很自信，她说事业上的她是成功的，因为美学学得好，一毕业就能从事自己喜欢的工作，而且收入不菲。但是在感情上，她却始终跌跌撞撞，恰似张信哲唱的《白月光》："在心里某个地方……每个人都有一段悲伤，路太长，擦不干你当时的泪光，路太长……"事业上顺风顺水，感情上却曲曲折折。

28岁，从婚姻的角度来说确实是一个尴尬的年龄。在小云的老家四川，她同学、朋友的孩子都上幼儿园或者小学了，她却依旧形单影只。

我们都知道四川山水好，自古出美女。小云身材窈窕，皮肤洁白，水灵灵的大眼睛，高高的鼻梁，如瓜子般的脸庞，有点像范冰冰的缩小版。她性格活泼开朗、热情大方，对爱情的态度也很积极，从不逃避，不钻牛角尖。我们很难想象这样的一个女子会有爱情的困惑。

透过和小云的交谈，我发现她既有南方人的柔美，又有北方人的豪爽。当我们谈到她过往的爱情时，她举起一杯鸡尾酒一口闷了下去，然后开始向我娓娓道来她的爱情经历。有时候我觉得我很残忍，像医生拿着手术刀，游走在腐肉的边缘，轻轻落刀，鲜肉再现，那一刻，虽然对方疼痛，却能让其重获生命力。

小云是个很害怕孤独的人。做家装设计很忙，平日里除了用工作来排遣孤独之外，她也会参加各种聚会。她条件不错，在活动中自然是很受欢迎的，所以她身边也从来不乏追求者。只是小云有一个很大的特点，这个特点使得她如一团火，当你走近的时候会温暖你，当你再靠近的时候会烤化你。

接触不深的时候小云给别人的感觉特别好，长得漂亮，又有一份好的工作，重要的是善解人意、甜美、温暖。作为四川妹子的她还有一个长处就是会做香喷喷的川菜，吃起来让人很有家的感觉。

小云的第一个男朋友就对她做的川菜赞不绝口，只是现在这一切都成了回忆。他们是在一个项目活动中认识的，男孩是一名售楼主管，人长得帅气，工资待遇也不错，是很体贴、很老实的一个人。

在短短一个小时的活动中，男孩对小云一见倾心。活动结束后男孩对她展开了猛烈的追求。男孩一开始并不敢表白，只是以朋友的身份经常约小云喝茶、吃饭。男孩的公司离小云的公司有半个多小时的车程,每次他发现了好吃的川菜会特意打包送到小云公司楼下,让她一解乡馋。因为工作都和房子有关,所以男孩也经常利用这一点刻意制造与小云相互了解的机会,比如邀请小云去他们售楼部给客户普及家装知识。

经过几个月的接触,两人早已无话不谈。当男孩不经意向小云告白自己的感情时,小云感动得哭了。男孩近几个月里对她无微不至的照顾和关心也早已成为她内心深处的依赖。小云接受了男孩,他们很快进入了同居试婚的生活。

刚开始的几个月里,他们相处得特别好。同居后,男孩一如既往地疼爱小云,厨房炒菜油烟大,男孩不忍心让油烟熏了小云洁白的皮肤,都是自己包揽炒菜的活儿。小云也很善解人意,每次都会帮男孩把食材清洗好。他们俩做什么都搭配着一起干,比如打扫卫生的时候,一个扫地、整理垃圾,一个拖地;洗碗的时候,一个刷碗,一个擦干。他们无话不谈,喜欢说话的小云让他们的小屋子总是充满欢声笑语。

小云越发习惯什么都拉着男友一起做,对男朋友越来越依赖,这种感觉就如同孩子对父母的依赖。但是男人和女人对待感情的态度是不一样的,男人大多是先热后冷,女人大多是先冷后热。经过半年的同居生活，小云的男友慢慢失去了最初的激情。从追求到同居，他过了将近一年爱情至上的日子。渐渐地，看见身边人都买房买车，男友生活的重心不再是围着小云转，而是忙于追逐他的事业和梦想。

每份幸福都会经历四个阶段：陌生人——熟人——恋人——夫妻。而每段旅程你都必须要清楚地明白是否能够让关系晋升到下一级，但是，很遗憾的是，很多人因为彼此不了解而相爱，最后因为彼此了解而分手。

每一份爱情里都会有一段盲目的时期。在这段时期里，一方盲目地宠爱着另一方，对方好的、坏的通通都是可爱的，在这个过程里，对方的缺点也通通可以视而不见。但是等盲目期过了之后，双方往往开始变得冷静而客观起来。小云的男友就是如此，以前觉得小云爱说爱笑是活泼开朗，是可爱、甜美，同居了半年之后开始觉得小云太话痨、太黏人、太自我。男友的转变也让小云产生了心理上的落差，两个人大吵了几次，矛盾还是无法调和，最后选择分手。男孩说："我不能天天抱着爱情过日子，而且我好不容易长大了，离开了家，谁知道又给自己重新找了个妈。"

小云自己也承认，她确实很喜欢说话，尤其是面对自己喜欢的男孩，她总是控制不住想要跟他分享，不管是快乐的还是不快乐的事。

甚至在小云看来，恋爱的两个人就应该一直有说不完的话，如果两个人沉默不语，无话可说，那就代表没有爱情，更没有必要在一起谈恋爱，因为谈恋爱就该注重一个"谈"字。但是她却怎么也没有想到，优秀的自己，后来又在连续两次恋爱中都因为"话痨"这个不可思议的理由而遭男友抛弃。

当小云来到雅骊婚商的时候，正好是她结束第三段恋情的第二个月。小云虽然很"话痨"，但是却一点也不纠缠。她说变质了的感情就如同过了期、发了霉的蛋糕，与其吃下去担惊受怕，不如趁早扔掉。她比很多拿不起、放不下的女孩要洒脱，她不会因为一份失败的爱情而搭上自己的整个青春，甚至一生。

对小云有了基本的了解之后，我开始仔细地打量这个外貌甜美的四川女孩。那天她穿着一件粉色的改良旗袍，系着一条淡紫色的桑蚕丝面料丝巾，个子虽然不高，却有着独特的娇小妩媚，让我有一种想保护的欲望。从她的着装上看得出来，她是个蛮注重生活品质的女孩，谈话间也透露出其小资情结。

随后，爱情天使帮她做了一个婚商测试，测试结果显示她在两性关系上有着极强的不安全感。我问她："现在最大的困扰是什么？"

小云深深地叹了口气说："雅骊老师，我已经谈了三次恋爱了，每个男人在分手的时候都说我太唠叨。要我不说话太难受了,我觉得我改不了这个毛病。可是我又不知道如何才能找到一个愿意听我唠叨的好男人。"

"你有没有想过,你的话痨可能是一个缺点?"我继续问小云。

小云托着腮看看天花板,慢吞吞地说:"我一直都觉得能说会道是我的优势,当然,这是在工作上。几次恋爱失败后,我开始反思,这是不是我致命的一大缺陷。毕竟,对于女孩来说,有一个幸福温暖的家才是最好的归宿。"

小云是个很清楚自己需要什么的人。她是个优秀的女孩,理应拥有幸福。在我的引导下,我们继续挖掘她苦恼的根源。我问她:"你的'话痨'分对象吗?"小云说:"只对我在乎的人。"

"那你在在乎的人面前为什么这么爱说话?背后的动机是什么呢?这背后隐含着怎样的伤痛?"我万万没有想到,我的这个问题,让开朗如向日葵般的小云哭出声来。

原来这与小云童年的成长经历有关。

小云出生在四川乐山的一个小镇上,在她三四岁的时候,父母就把她扔给爷爷奶奶照顾,外出做生意去了。在小云童年的记忆里,父母两三个月才回家一次,因为不舍得早关店门损失生意,每次都是比较晚才坐车回家，有时候半夜才进门，留下些钱物，第二天小云还没有醒来就走了，小小的她甚至都记不清楚父母的脸。

小云说，她有着整整十年的留守儿童的经历，那时候放了学最喜欢在村子里的路口玩，因为每天下午6点左右就会有从城里回来的车停在路口，曾经有好几次奶奶拉着她在路口接到了刚下车的爸爸妈妈。在最需要爱和安全感的童年里，没有父母在身边陪伴照顾的小云变得自卑又内向。所以，她从小就害怕孤独，每次父母回来，不管父母喜欢不喜欢，累或者不累，她都会搂着父母说个不停，亲个不停。她说她好害怕父母一转身就走了，就忘了她的存在。而事实上，确实如此，每次睡觉前还搂着爸爸妈妈说个不停，第二天睡醒睁开眼睛就剩下自己一个人。这种不安和恐惧在她内心深处刻下了深深的烙印，如同魔鬼一般撕咬着她的灵魂。

小云的讲述让我情不自禁地落泪，似曾相识的经历和感觉我也有。对于她的安全感、恐惧感，小时候的我感同身受。我告诉自己，无论如何，我要帮助她逃离这样的困境，创造价值，缔造幸福！

有人说很多爱发脾气的人常常是为了掩饰自己内心的恐惧，很多表面活泼开朗的人常常是为了遮盖自己的忧伤，很多爱热闹的人也是因为太害怕寂寞。我不知道那些"很多人"是不是真的如此，但我知道小云是。然而，正是因为如此，我要帮小云，我坚信她一定会有一个幸福美好的未来。

我跟小云说："你是个很优秀的女孩，话痨不会成为你幸福的阻碍，你现在已经找到了苦恼的根源，接下来你需要做的是寻找成功的根源，然后给自己一个新的定位，一个通往成功、通往幸福的定位。"

在接下来的定位方案中，我开始用定位的思维来挖掘小云的核心价值点，并在婚商大系统智慧的引导下，加入一些巧妙的元素让她意识到说话要适可而止。当她有了这个意识的时候，我再让她明确每个人说话的目的是什么。渐渐地，几次沟通下来她发现，原来说话不仅仅是为了把自己的话说得到位、说得精彩，更重要的是要对别人有价值，只有对别人有价值、有用，别人才愿意听。

当小云懂得了以"价值"去衡量自己所说的话、所做的事对别人是否有用的时候，她恍然大悟，原来自己喋喋不休的分享对于听者而言毫无养料，自己说出来是痛快了，可是对听者来说简直是在浪费时间。小云越想越后怕，其实很多人认为改变很难，但对于拥有智慧而觉醒的人来说，并不是那么难，比如说小云，她瞬间就改掉了"话痨"的毛病。所以，改变只在一瞬间。

回想起过往失败的爱情，小云终于找到了失败的根源。她终于明白，两情相悦的人更注重的是心灵的沟通和彼此的成长对对方的价值与意义，而不是喋喋不休。这样的两个人不是恋人，只是一起消耗生命的玩伴。即便是闺蜜，如果一方总是在向我们倾诉她的快乐和痛苦，完全不考虑我们喜欢听什么，想要听什么，只是自己无休止地说自己想说的话，那么，这样的闺蜜也非闺蜜，她仅仅是把我们当成了一个能倒心灵垃圾的垃圾桶而已。

> **Y 雅骊语录** YA LI YU LU
>
> 每份幸福都会经历四个阶段：陌生人——熟人——恋人——夫妻，而每段旅程你都必须要清楚地明白是否能够让关系晋升到下一级。

活出最美的自己

"女人没有等出来的辉煌，只有活出来的精彩。"每个女人都有属于自己独一无二的美，但不是每个女人都能活出最美的自己。

我们经常会听见身边的女人抱怨："唉，老了，皮肤越来越差了；身体越来越臃肿了；脾气越来越暴躁了；唉，顺其自然吧，反正也结婚生孩子了；唉，老公要和我离婚了，离吧，我也懒得再吵了……"有多少人想过，很多时候我们的美丽和幸福就是被这些"顺其自然"和"懒得"活生生地埋葬了。

前面我们通过刘德华和孙俪等人的成功经历证实了一个定律："从成功走向成功，从幸福走向幸福。"如果我们都能明白这个定律，如果皮肤越来越差的女人开始关照自己的皮肤；如果身体肥胖的女人开始每天早上早起运动；如果脾气暴躁的女人开始注重身心灵的修行，开始学习打开自己的心量和格局；如果要离婚的女人每次吵架后都去反省自己，及时修正自己，那么，她们就能通过一个成功的小妙招，铺垫出通往拥有无数的喜悦和未来幸福的路。所以懂得婚商的女人是幸运的，她们可以让幸福追随自己的脚步有节奏地向自己走来。

然而，悲剧面前从来没有如果，很多时候我们清清楚楚地看到了自己身上的缺点，看到了我们的美丽正在被某些"病毒"一点点侵蚀，却选择了视而不见。

经过几次的相处，小云"话痨"的习惯完全改变了。接下来小云需要聚焦的，就是找准自己的定位，快速找到生命中的价值油田，找到一个帮她撬动幸福的点。

小云是个很贴心、很善解人意的女孩。有一次小云来找我，当时我正在开导一个丈夫出轨的姐妹，天气很热，我们聊了一个多小时，早已口干舌燥。在这期间，茶室的工作人员竟然都没有注意到我们的杯子空了。然而，刚在旁边卡座入座等我的小云却细心地觉察到了，她马上跑到水台帮我们重新叫了一壶热茶。通过这个细节，我发现小云是个内心很柔软、很会关心别人的女孩。如果一个人心里只有自己的话，她根本不会注意到别人的杯子。

长得精致，心怀别人，有一个好工作，做得一手好饭菜，善解人意，有生活品位，乐观向上……

小云的价值链条被有序地梳理出来。随后我问她："你来这里的最终目的是什么？"

定位：让婚姻从成功走向成功

小云说："雅骊老师，我想得到我梦寐以求的爱情，我想结婚。其实，我知道我的目标对象在哪儿，但是因为过往的失败经历，我不敢主动出击。所以我来到了雅骊婚商，我想先改变我自己，找到问题的症结，不再盲目地出击、受伤，我要爱情靠谱地来到。"

打有准备的仗永远是上上策，现在的小云因为重拾自信而更加美丽，人活得更轻松、更乐观了。目前只需给她梳理出核心的定位，从过去恋爱成功的经历里去找寻成功的点，用幸福撬动幸福，她就可以拥抱她想要的爱情和婚姻。

小云高兴地蹦了起来，搂着我亲了又亲："雅骊老师，我要做个又有智慧又漂亮的家庭主妇，下周的幸福互生会，一定让姐妹们帮我互生一下我的核心价值。"

通过和小云的沟通，我发现她对从事房地产行业的男子情有独钟。在小云看来，售楼的人和从事家装设计的人在一起搭配是最好不过的，有共同的话题不说，在各自的事业上还可以相辅相成。婚后，老公售楼的时候可以免费赠送老婆的家装建议，或者也完全可以自己创业，老公的客户也可以成为自己的客户。两个人不但有共同的话题，价值取向也是一致的。这样有合作基础的感情可能是另一种幸福。于是，小云给自己定位的是要找一个从事房地产行业的伴侣。

小云开始从过往的经历里寻找那些使她迈向成功的点。她发现以前在生活中"话痨"的习惯在工作上却是她的一大优势。她之所以受客户的喜欢不仅是因为她专业水平高,更重要的是她热情、有耐心,她能围绕着客户的需求一遍又一遍地介绍,客户重复多少次的问题,她都一一耐心地详细解答。她这才发现,原来她并不是所谓的口才好成就了事业,而是抓住了客户的需求,为客户提供了价值。于是小云的价值定位是:以后不管是在工作上还是感情中,说话做事都要以利益他人为重点,做一个对别人有价值的人、服务他人的人。

小云发现自己很擅长做美食,经她手做出来的食物色、香、味俱全,好吃的同时还特别有艺术感。那么对于一个北漂的年轻人来说,其实最重要的就是每天工作之后回到家能在温馨的环境里享受到香喷喷的晚餐。所以,小云的生活定位是成为一个聪慧而贴心的好伴侣,做爱人心里永远的"乡谗"。

有定位的人,能轻松看懂全局,就会有全局的思维,看问题就有高度,处理问题就不会被卡在一个点上。当我们时刻明白自己是谁、在哪里、做什么的时候,我们就会有一个清晰的价值体系。有了清晰的价值观,我们就会不断地精进自我、不断地修正自我。

于是,这样的女人越活越美丽。

定位：让婚姻从成功走向成功

Y 雅骊语录
YA LI YU LU

女人没有等出来的辉煌，只有活出来的精彩。

做幸福的主人

你是自己一切的根源,想要做悲伤的主人还是幸福的主人,一切都在于自己的选择和思维意识体系的高度和空间。定位是帮你找到价值,支起高度,婚商大系统则是帮你架构整个幸福大厦的立体空间,围绕定位,释放一切,两者完美结合。

有了清晰的定位之后,小云开始了一系列的行动。

"近水楼台先得月",小云发现有一个很大的房地产公司为了奖励特别优秀的员工,在新开盘的小区里留出了50套两居室作为员工福利。目前小区里面已经有70%的入住率。这个小区里的环境和气氛都特别好,因为有开发商自己的人入住,整个社区都很活跃,经常有各种各样的聚会和活动。小云是通过客户找到这个小区的,当客户介绍说,这个小区里不管是老住户还是新住户都友爱如一家人,小云彻底被吸引了,很快就搬了过去。对于北漂多年的小云来说,没有什么比拥有一个温暖的家更重要了。

小云是个很追求生活品质的人,搬到新小区后,我们一起来规划她未来的幸福蓝图,她把原本就已经是精装修的两居室重新按自己喜欢的风格布置了一遍。当我应小云之邀去她家做客时，一进门就感到惊艳不已。干净整洁的屋子以粉色为主色调，让人倍感甜美、温馨，如置身梦幻一般。各种别致典雅的装饰无不传达着主人独有的风韵。餐桌上满满一大桌子的美味佳肴，更是让我如痴如醉。

吃饭期间我对小云说："你的厨艺这么好，我有个主意，接下来你就利用美食这个支点来撬动小区的单身男士吧。"

小云很是认可我的想法，当天晚上她就做了一个详细的策划。一周后小云拿着活动策划案去向社区的工作人员申请，工作人员看了这个提案后赞不绝口，因为他们都喜欢吃四川火锅和四川泡菜。在社区的安排下，小云美食周的活动很快就传播开了。

小云除了会做川菜以及各种特色小吃，还会做港式糕点、甜品，甚至会自己酿制糯米酒、葡萄酒。小云平日里要上班，她就把教大家做美食的时间设在每周的周日上午 9 点到 12 点，为期三个月，每周推出三菜一汤。不过活动的第一周很失败，小云在家等了一天，也无人问津。

后来我建议她先在社区贴吧里做调研，看大家什么时候有时间，请物业发传单到户，同时在贴吧发帖子，在网上教社区居民做美食。

这个方法果然不错，小云仅仅只是在贴吧里发了三道美食的照片，就吸引来了很多人的围观。其中就有个阿姨留言："这个松仁玉米太美了,我儿子和儿媳妇都很喜欢吃松仁玉米,但是我做得不美观。能告诉我你是怎么做的吗?"原来心思别致的小云,将黄瓜切成一小段,然后把黄瓜里面的瓜瓤掏空,在每小段的空心黄瓜下面穿插两根牙签,这样就成了瓜桶松仁玉米了。在炎热的夏天,这道菜如山谷里的泉水般沁人心脾,后来这个阿姨成了小云的铁杆粉丝。

为了更方便大家学习,小云还亲自录制了详细的制作视频。其中四川凉菜和营养早餐的视频深受社区居民欢迎。渐渐地,小云得到社区居民的认可和喜欢。很多阿姨、大姐纷纷前往小云家学习。有个大姐很激动地对小云说:"以前早上的时候只会给孩子们做粥和西红柿鸡蛋面,我真没有想到,我自己竟然学会了做蛋糕和面包。现在家里人都不愿意去蛋糕店买蛋糕了,老公说我做的更好吃。"

小云在社区贴吧里成了焦点人物,她每天更新的美食日记深受社区居民的青睐。一开始来学习的以女性为主,即那些阿姨、大妈以及年轻的家庭主妇们。慢慢地,也会有男性在贴吧里询问他们感兴趣的菜肴的制作步骤。让小云感到不可思议的是,其中有一位65岁的老爷爷,他一生没有下过厨房,看了小云的视频后,竟然为小他2岁的老伴学做了一道菜——鸡蛋饺子。老爷爷的老伴后来找到小云说:"他的鸡蛋皮有点糊了,但是这是我吃过的最好吃的一道菜。"

小云跟我说，当时老奶奶笑得很开心，她看见老奶奶露出嘴里超过 16 颗牙齿的笑容，那一刻感觉很温暖。

漂亮、热情、会做美食的单身女孩小云成了小区的人们茶余饭后热议的话题。很多粉丝阿姨们开始替小云张罗对象。殊不知，在贴吧里早有一群男孩，一直在默默地关注着小云。

其中有一个网名叫"我本善粮"的男孩，他每天下班都在家里学习美食，并且每天都上传一张学习成果让小云点评。小云在贴吧里与他互动了半个多月。有一天男孩突然打电话给小云，说他想要做一个草莓蛋糕给心爱的人，但是自己做得不好，希望能得到她的帮助。

小云对这个每天都认真跟她学习做美食的男孩有着极好的印象，所以就答应了。男孩考虑到小云是单身，就自己做主约在了小区的池塘边。出乎意料的是，到了池塘边，男孩并不是要她帮助自己做蛋糕，而是已经做好了一个草莓蛋糕要送给小云。

男孩很紧张，有些结巴地说："我……我学了半个月了,你尝尝。"小云轻轻地打开了盒子，一看，她的脸就红了，蛋糕上面居然用草莓酱写了"我喜欢你"四个大字，除此之外还有一朵玫瑰花。

小云"扑哧"一下笑出了声，调皮地对男孩说："你学了半个月都没有学会用奶油挤玫瑰花吗？"

男孩抓了抓脑袋："太难了，那你以后手把手教我吧。"

那天他们在池塘边吃蛋糕边聊天，一直到夕阳西下。男孩比小云大3岁，从小父母就离异了，19岁的时候他只身来到北京，在房地产行业摸爬打滚了11年，身为销售总监的他在北京已经买了两套房，一套给自己，一套给父母，尽管他知道父母都已各自成家，但每个周六的时候都会去父母的那套房里坐一坐，收拾收拾。男孩跟小云说："在我没有遇到你之前，这是我唯一的感情寄托。"

小云听了男孩的讲述，眼眶红了，她想到了自己的童年，想到了父母外出做生意时自己被同伴们欺负的场景。然而，对于一个父母离异的孩子的童年，又该是怎样一种恐惧和不安呢？她无法想象。女人有着天生的母性，临别时，小云给了男孩一个大大的拥抱。

随后，他们恋爱了，小云向男孩坦白了自己过往爱情失败的经历。男孩听了后紧紧地抱着小云说："都怪我，没有早一点找到你。以后我会把我整个世界里的幸福都给你。"半年后，男孩买了一克拉的钻戒向小云求婚，男孩还特意找了小区里的叔叔、阿姨们当见证人。此时，小云已经身为人母。她现在依然每天为孩子和先生制作美食，撰写生活成长日志，幸福在她的世界里已经成了不折不扣的信仰！

我经常跟小云开玩笑："你的幸福是用炉火纯青的定位促成的

焦点，这是永恒的财富。"

小云总是调皮地回应我："这叫婚商大系统，跟你学的。"

很多人都觉得成功和幸福太难得到了，难于上青天。透过小云的故事，我们看到了成功和幸福都是由小事连接后价值的不断延伸。最后，我想说的是，成功就好像我们站在上海的最高建筑——环球金融中心大楼的一楼看楼顶，想要直接上去，毫无疑问是非常困难的。但是如果我们静下心来，想一想，这栋楼的大门在哪里？我是坐电梯还是走楼梯上去？当我们在心里有了清晰定位之后，一切就迎刃而解了。坐电梯可能用不了 10 分钟，走楼梯最多半天的光景，而坐以待毙，一辈子也看不到这么精彩的世界。

透过婚商的学习，不仅小云收获了幸福，她还介绍她的堂姐堂妹、亲朋好友，以及老公一起来学习成长，当一家人都开始成长的时候，才是这个家族辉煌的开始。未来的世界是由拥有智慧的人统治并创造的世界，拥有了定位和婚商大系统这两个翅膀的保驾护航，你的幸福就牢牢地握在自己的手中。

我们没有运气成为幸福家族的子孙，但我们一定有勇气成为幸福家族的祖先，改变命运就从改变定位、拥有婚商开始！欢迎你也和小云一样，带着家人和朋友一起来拥抱幸福！

婚商——定位，幸福扑面而来

| Y 雅骊
语录
YA LI YU LU | 你是自己一切的根源，想要做悲伤的主人还是幸福的主人，一切都在于自己的选择和思维意识体系的高度和空间。 |

chapter6
定位：瞬间转念，华丽转变

—— 有什么样的心就会有什么样的境，自然就会结什么样的缘。

自我放逐与虚幻的城堡

每个人都需要别人的关怀与照顾，但奇怪的是，我们时常会陷入一种自我迷恋中，以为别人对我们的付出都是理所应当的。如果你还是孩子，我会真诚地祝福你在以后的日子能编织出更绚丽的梦想，但如果你即将或已经叩开婚姻的大门，那么，真实地活着一定是不二的选择，因为我们当下的态度正决定着未来的一切。

多年来的婚商教学让我在持续不断的研究与自省中竟不自觉养成一种习惯，时常会在看到一个陌生面孔后忍不住去猜测他的内心世界。不过令我沮丧的是，在我的身边有太多相似的表情，我不知道是什么造成了这种情况，可是当我有一天认识一个小姑娘后，我似乎在她身上又找回了什么。

也许很多人认为婚商是一门高深的学问，但其实不然，真正去学习后，你会发现其实很简单。婚姻从来都不是一件新鲜事，上下五千年，人们一直在探讨婚姻幸福的真谛，只是似乎从来都没有摸到门，于是幸福与一代一代的人擦肩而过，直到今天，还没有一套幸福的指导手册。

我此生唯一的心愿，就是把婚商打造成全世界人民学习的一种智慧，在全球范围内构建具有贵族血统的幸福家庭，把婚商这门智慧推广到全世界，在人们进入恋爱与结婚之前，先测试一下婚商是否及格，先进入婚商学院系统地学习如何给自己定位，如何为自己量身定制幸福婚姻；其次是量身打造幸福家庭，让每一个人、每一个家庭都有智慧缔造属于自己的幸福模板，留给子女一套幸福管理方案。此后，你可以骄傲地告诉孩子，从你爸爸妈妈这一代开始，我们家族有了幸福传承的信仰与文化系统，拥有自己的家风、家规、家法、家训，子孙后代拥有了可以传承的幸福家族系统。

还有，在全球范围内孵化具有贵族血统的幸福家庭，让婚商为全人类服务，并在未来的 20 年内，把中国的离婚率降下 5%，结婚率提升 20%，帮助超过 3000 万人缔造属于自己的幸福婚姻，帮助至少 3000 万人学习掌握婚商智慧，给后来者点亮心灯，从此以后，让你的幸福不用在黑暗中摸索，四处碰壁地前行。

我想为和我一样探索幸福的人打开一扇门，从此让他们看到更加精彩的世界。任何一种爱都不如孕育一个伟大的幸福家庭，并让幸福在家族中生生不息地传递下去更加伟大。

而很幸运的是，我触摸到了一些东西，它们能让幸福简单地开始，快乐地发生，稳稳地持续，那就是婚商大系统，其实婚商的精髓都来自生活，我们做的就是用生活积累出的智慧，来帮助那些准备走进婚姻和在婚姻中尚没有定位的女性，用更巧妙的方法获得幸福。

缇娜是我一个学生的朋友，有一次我这个学生带她来参加雅骊婚商的活动，我依稀记得活动的主题是"生命的礼物"，她是和男友一起来参加的，看得出那一刻他们很幸福。

沙龙结束，我在会所里请他们留下来一起喝茶，空气中飘荡着舒缓的古典音乐，桌上摆着精致的欧式茶具，窗外夕阳金灿灿的光倾泻到果盘上，有种别样的迷离感觉，就如缇娜的幸福。在温暖的午后聆听一个小姑娘将她的幸福故事娓娓道来是一件多么惬意的事。

缇娜有着非常精致的面容、娇小的身材，眼睛小小的，却非常明亮，她也许不算漂亮的女孩，但她身上洋溢着青春的欢快以及那种对幸福的憧憬，在你面前出现时你会感觉她就像一阵微风，轻轻地拂面却不留任何痕迹。聊天中缇娜对我的职业很好奇，她认为世界上有很多知识可以传授，但是幸福这种令人捉摸不透的东西好像还没有人能教给另一个人。幸福向来都是人们奋不顾身地投入，舍身尝试，好像从古至今都是自学成才，没成才的就被燃成灰烬了。

我当时并未因她的质疑而生气，因为这是初次接触婚商的人普遍存在的疑惑。我当然希望她能一直幸福下去，但我还是向她表示以后遇见什么困难可以来找我。

爱情的发生永远都逃不开以下四个阶段：

陌生人——熟人——恋人——未婚夫妻——伴侣。

第一阶段：从陌生人到熟人最典型的特征就是彼此的算计。

第二阶段：从熟人到恋人最典型的特征就是敢于和爱人分享最隐秘的伤痛。

第三阶段：从恋人到结婚最典型的特征就是对未来的价值与风险有着相对清晰的认知和接纳，明白底线在哪里。

第四阶段：发生一些事，敢于承担责任并敢于托付。

通过了解，我发现缇娜和她男朋友还停留在爱情的初始阶段，并没有真正跨入恋人的范畴，虽然他们相恋了6年，但只要还没面临婚姻的抉择，一切问题都很容易被爱情掩盖，就像潜藏的炸弹。

事情的发展显然没有超出我的预期，在我和缇娜见面一年后，也就是2011年8月份，缇娜突然登门拜访。来的时候缇娜带了一个极度忧郁的女子，那是她姐姐，她的姐姐有一个喜庆的名字——小芳。

小芳长得很清秀，也很漂亮，不过看上去要比缇娜羸弱得多，来的时候眼睛还有些红肿，似乎刚哭完的样子。令我吃惊的是，这次见面缇娜也失去了我第一次见她时的活力，整个人仿佛被一张灰色的网罩了起来，像一只习惯飞翔的小鸟突然被关在笼子里，显现出无尽的酸楚和无奈。

小芳从进门就开始落泪，眼泪像断了线的珍珠一样，滴落不停。听着姐妹两个人的倾诉，我的心一阵一阵被揪起，似曾相识的故事，不同的经历，一样的伤痛，从我初见小芳就能看出她是个内向却好强的女孩，在我看来，小姑娘外表强大而内心脆弱，是很容易忧郁的那种类型。

缇娜和小芳生长于单亲家庭，妈妈在缇娜3岁时因为实在忍受不了爸爸生活不能自理所增加的负担，选择了离家出走，所以两姐妹从小就体会到了生活的艰苦。她们从不在物质上要求爸爸能为她们提供什么，可是另一种无形的压力一直困扰着她们，单亲的家庭容易遭人歧视，那种来自灵魂深处的鄙视常让两姐妹苦不堪言。不过缇娜是个独立意识很强的孩子，所以每次遭人嘲笑，她都会站出来狠狠地教训对方。

有一次，有个同学当着姐妹俩的面用很直接和不屑的语气嘲笑她们的家庭背景，当时小芳虽然很委屈，却没有勇气去反抗那个同学，缇娜摆出一副不可侵犯的样子，跟那个同学义正词严地交涉，虽然当时姐妹俩很解气，不过当她们回到家后还是会默默流泪。

像很多家庭的孩子一样，缇娜和小芳除了外貌相似外有很多不同的地方，一个调皮，一个安静，从小到大缇娜的学习成绩都很好，还经常拿奖学金，而小芳高中没毕业就辍学了。学校虽然给小芳留下很多幻想，但每次看到爸爸更加消瘦的背影她都会心疼很久，想着既然自己成绩不是很好，妹妹那么优秀，只要她将来有出息就行了，自己出去找个工作不仅可以分担爸爸的负担，同时能更好地照顾家人。

走入社会的这几年，小芳虽然能够赚些钱照顾家人，但周围的环境始终没能改变她内向的性格，而且她还经常会因别人的歧视而落泪，妹妹又不在身边，很是孤单。2008年在做化妆品销售时，小芳认识了一个叫阿兰的女孩，阿兰是个外向而且充满热情的小姑娘，所以两个人很快就成了好友，而且渐渐熟识后成了闺蜜，每天一起吃饭，一起工作，周末一起购物，一起玩。这份友情滋润了小芳单纯、敏感的心灵，小芳便把阿兰当成了无话不谈的挚友。这曾经让她好一阵子欢呼雀跃，可是中途发生的一件事却让这份令人羡慕的友情以十分残酷的方式终结了。

阿兰有一次检查仓库时发现少了一瓶乳液、两瓶眼霜，就报告给了店长，巧的是那天刚好小芳当班，结果小芳以为阿兰陷害自己，一瞬间产生了无穷的委屈。慢慢地，这种不良情绪带出更多悲观的想法，她甚至埋怨起爸爸，最严重的时候小芳竟有了轻生的念头。

缇娜发现姐姐不对劲儿后也经常劝姐姐，可是不管怎么劝都没用，妈妈害怕姐姐寻短见，于是央求缇娜急匆匆地把姐姐带来我这里。

很明显，小芳过于在乎别人的看法，这可能是因为她从小就活在别人的歧视里，让自己养成了一种强忍的习惯，而忘了真实的自我。可能她一直都没有找到自我，只是把自己包裹在一个华丽的壳里，甚至她就把那个华丽的外壳当成了真实的自己，结果为自己造了一座"华丽"的城堡，一遇见不开心的事就躲进去。最后当事情恶化到那个不真实的自己无法承受时才发现，以前所累积的经验都没用，而那个城堡也虚假得不能承受住任何伤害的攻击。

> **Y 雅骊语录 YA LI YU LU**
>
> 任何一种爱都不如孕育一个伟大的幸福家庭，并让幸福在家族中生生不息地传递下去更加伟大。

让人生充满色彩

无知的人活得是最快乐的,但最终的下场却注定是悲惨的,他们的单纯让他们在没窥破世界的残酷时,能充分地享受身边的花鸟虫鱼,可是当有一天他们猛然惊醒时才发现,自己其实一直被人当作可笑的小丑般嫌弃。

幸福的家庭是相似的,不幸的家庭却各有各的不幸,阴霾不仅笼罩了缇娜的姐姐,也在缇娜的上空密布未散。

缇娜惹人喜爱不仅因为她可爱、聪明,更因为她身上有种让人敬佩的执着,那份执着就像环绕仙女的光环,让仙女看起来更加圣洁。由于爸爸身体不太好,姐姐又在外面辛苦地工作,所以缇娜一直以来都在学习上很用功,时常盼着自己能够早日学有所成以回报家人。那种在学习上的认真态度让她散发出一种别样的魅力,小陈就是被这种魅力所吸引而开始注意缇娜的。

小陈是缇娜的高中同学,爸爸是当地一名政府官员,妈妈是一个街道办事处的妇女主任。小陈是家里的独生子,从小生活在宠爱中,但他身上没有那种被娇惯出来的任性,是个谦虚、帅气的男孩。

小陈其实从第一次见到缇娜就对她产生了好感,但真正让他下决心追缇娜还是因为缇娜身上那种特有的气质——执着且懂事。

缇娜一直也对小陈有着很深的好感,两个人在互相吸引中很自然地走到一起。高中给缇娜留下了美好的回忆,那些和小陈一起走过的路、一起看过的风景都深深地印在缇娜的脑海。大学时虽然没在同一所学校,但他们还是经常见面,而且两个人反而因距离让这份爱变得更坚实。毕业后两个人选择一起去上海打拼,我第一次见缇娜时正是她刚去上海的时候。

那时缇娜和小陈关系非常稳定,不过世事难料,当他们对未来充满期待时,生活却给了他们重重而痛苦的一棍。

时间过得飞快,转眼两个人都到了适婚的年龄,一对恋人兴高采烈地将恋情告诉各自的父母。缇娜的家人倒没有什么意见,只要对方人好,缇娜愿意托付终身。但是小陈的父母却极力反对这门婚事,他们首先觉得缇娜的出身不好,不去说经济状况,就是单亲家庭这一点就让他们无法忍受,再者,缇娜的父亲生活不能自理,他们怕小陈和缇娜结婚后生下的孩子也会有什么先天疾病。

小陈和家人抗争了很长时间,不仅没有取得任何进展,反而将局面闹得更僵,小陈的父亲威胁他,如果他还是坚持己见,那么就让他净身出户。在这种情形下小陈变得越来越气馁，而他刚刚走出学校的大门，即使想和缇娜结婚，也觉得现在单靠自己的能力无法为缇娜带来幸福。

这些不安的因素成了定时炸弹，终于被一次争吵引爆，争吵的原因依然是小陈家里对缇娜的态度。那次他们吵得很凶，缇娜指责小陈没骨气，没担当，因为父母提出的条件而动摇，说他们之间的感情原来是那么不牢固，甚至怀疑他有没有爱过自己。小陈吃惊地看着抓狂的缇娜，十分钟后摔门而出。他们相处了七年的感情就在那"咣"的一声中结束了。

当一切安静下来的时候，缇娜看着空旷的屋子，腮边不觉得满是泪痕。七年的感情也不过如此，经不得半点风雨，只能共甜蜜，不能共患难，或许结束才是这样的感情最好的结局……

缇娜原本是那么相信爱情，相信他们的幸福是坚不可摧的，万万没想到在现实面前还是轻而易举地被击碎，她顿时感觉整个天都塌了下来，一瞬间没了信念。之前缇娜根本不相信婚商大系统能够引领人看懂幸福的真谛，可是突然她发现原来婚姻和幸福的背后真的有很多东西需要学习，而自己恰恰是个门外汉。

情感确实是一种让人捉摸不透的东西，越聪明的人反而越有可能陷入情感的漩涡不能自拔。在情感世界里最忌任性，绝对不能草率而为。美好的感情好比蕴有一汪好水的池塘，如果一方一直率性而为，就好比旱季里的骄阳，起初只是让这汪水变得燥热难以忍受，最后却可能将它全部蒸干。

也许我们表现得率性是因为我们太爱对方，但这世上有太多好心做错事的例子，既然我们那么爱对方，为什么不静下心来好好想想用什么样的方式去爱才最合适呢？婚商其实并不是一种技巧，它是一种大智慧，一套更细腻的解码幸福的思维软件，一种经营幸福婚姻的更高的意识境界。这也正是很多人在事后回想觉得自己蠢的原因，我们在当时的环境中不能冷静地分析处理，仅凭感情用事以致事态发展到不可收拾的地步。

我们的人生应该充满色彩，我们也应该用心去追求属于自己的幸福。所有的客观原因都有限制，当你找到突破口时你会发现生命的另一个意境。其实没有人能左右我们的幸福，更没有人能左右我们对情感的付出，所以无须再为自己的失败找借口，你所能做的就是学习。当你真正了解了幸福婚姻的必备条件时，你就不会再在情感出现问题时变得不知所措，更不会像缇娜那样去追寻毫无胜算的幸福。

凤凰涅槃

传说凤凰是幸福的使者，每一次它涅槃重生都要经历巨大的痛苦，每一次重生后也会变得比之前更美丽。其实幸福又何尝不是我们自己在主宰，当你潜心改变并为之不懈努力后，有一天你会发现自己就像叶子上那个原本其貌不扬的蛹一样羽化成蝶，赢得华丽转身。

其实很多人之所以人生有困境，事业有阻碍，家庭不够幸福，这背后都是因为长期受到负面的情绪所影响。婚商是一门改善我们心智模式的智慧，在婚商大系统的智慧之一的"正信念智慧"中，"转念"这两个字非常重要，我们见到了很多懂得转念的人瞬间扭转局势，成就辉煌的一生，不懂得转念的人颓废一生，浪费半世。

小芳也许不如妹妹缇娜聪明，但是她同样有很高的悟性。姐妹俩义无反顾地投身婚商系统，围绕定位，重建幸福，一般人学习成长，大都要经历半年左右的沉淀，才开始有质的转变，小芳却在短短的两个月内就将自己的心结打开了，一念转乾坤，她找到了自己信念背后深深困扰着她的伤痛根源，那一刻，曙光在前，小芳不再像从前那么自卑，脸上显现出如花的容颜。小芳的改变主要源于转念，转念是婚商大系统里非常重要的一环，我们容易陷入自恋或自责就是因为我们不懂转念，不会站在更高的纬度看问题。

　　那是一个阳光明媚的午后，我在客厅一边看书，一边品味着散发着清香的绿茶，阳光很温暖，暖得人想沉睡。突然门铃响起，那一刻我真不太希望有人来打扰我，之前一直很忙，我许久都没享受这种恬淡闲适的生活了。可是当我开门后我发自内心地高兴，来的人竟然是小芳，之前小芳从来没有主动找过我，每次都是缇娜带着她来。虽然这些日子她已经变得比过去阳光很多，但那种天生的羞涩好像顽皮的小猴一样一直跟着她。那天她一个人来看我，双手还提了满满两袋水果，脸上没有一丝窘迫，那一霎我知道她已经走出了阴天，她的心情正像外面的阳光一样灿烂。

　　我开心地将小芳迎进门，在软软的沙发落座后，阿姨给她冲了杯茶，我们就聊了起来。小芳比以前开朗了许多，主动向我抛话题，她来的目的就是要感谢我。走进雅骊婚商，透过系统的学习，她终于打开心结，认识到生命不仅不应该沉重，相反应该要好好享用。看到我手边的书，她就和我聊起书来。小芳原本是个对书没什么感觉的孩子，在学校时功课也不好，出来打工遇见的也都是和自己一样的女孩，所以在之前书对她来说完全是一个无关的存在。可是随着想法的改变,她现在发现其实书里有好多以前没触碰过的美景,有时候几个字就能给她带来无限的喜悦和遐想。那天我们从书聊到人生,从人生聊到未来,我都不敢想象这个原本沉默的女孩会有那么多的想法。真是天窗一旦开启,世界就此光明。

看到小芳的改变我由衷地为她高兴,她完全变成了一个自信而乐观的女孩,阳光洒在她的脸上,温暖得可以浸润你的心,她说的让我最开心的一句话就是,她永远不会再去考虑自杀。此刻的小芳就像一只被放生的小鸟,正自由地飞翔。

不同于姐姐,缇娜的改变有些缓慢,也许爱情对人的伤害确实痛彻心扉,程度确实大过其他的很多伤害。这段曾经占据缇娜生命三分之一的感情,就这样无果而终,让她如何不伤,如何不痛呢?缇娜是一个感性的人,常常陷入回忆里走不出来,那段时间她经常会发呆,以前闪现在脸上的对美好生活的向往,渐渐地被苦涩取代,微笑总是僵在嘴边,悲伤最终化成两行清泪,悄然落下。

缇娜无法快速地走出这段感情的阴影。还好,时间是个不错的医生,虽然花的时间有点长,那份发自内心的轻松笑容终于在缇娜脸上绽放,四个月后的一天……

那天同样是个不错的晴天,我和缇娜一起在林荫道上散步,周身的一切充满生命的气息。我喜欢和我的学生在这样的环境中沟通，四处呈现出来的生机会让置身其中的人对生活充满期待。我们在林荫道上悠闲地散步时，她突然转过身来对我说了一番话：

"雅骊老师，走进婚商大系统有一段时间了，我一直在思考，我过去的爱情究竟输在哪里？这个问题一直困扰着我，让我苦思不得其解，现在我终于明白了，为什么你说定位对一个人比命还重要。我现在理解的定位就是占位，其实最终是要在对方的灵魂里占位成功，这样才能成为他永远的'精神鸦片'，当他连灵魂都许给你的时候，他怎么舍得离开你？所以，幸福必须先定位，因为有了定位才知道自己的优势在哪里。要想把幸福牢牢地握在手中，就必须掌握主动权，这辈子只做第一，不做第二！

"我过去就是没有定位，所以虽然花了七年的时间，但是根本就不知道我在他心里是排第几，自然也没办法在他的心里牢牢地长成一棵树。一有重大变故的时候，他也无法从我这里得到力量和支持，自然就后退了。"

我静静地听她娓娓道来，偶尔也回应三两句，当她缓缓转过身时，我在她眼中看到一道惊喜的光芒，仿佛她在历尽千山万水后终于找到了传说中的宝藏。

缇娜自从发现了定位的威力后，整个人瞬间找回了状态，她比之前更加乐观更加自信，而这种状态也带来了不可思议的结局。

从心里获得智慧的缇娜比以往更有力量，笑容也越发开朗，比以前更加热爱生活，她把在雅骊婚商学习和成长的点点滴滴、这段难忘的心路历程用照片和文字记录下来，传到QQ空间里和大家分享收获，体验和传授获得的智慧。

缘分从来就不可预测，小陈差不多九个月没和缇娜联系，有一天他打开QQ空间看到了缇娜的照片，一瞬间他被那张活泼的脸所震撼，曾经熟悉的面孔以一种喜悦的姿态呈现在他面前。他突然意识到，这是一个嫁给任何人都会给对方幸福的女孩，那一刻他的心很疼，很疼，他进入缇娜的空间看到了更多别离后缇娜成长的日记，一篇篇读下来。这些日记就如一朵花一样，一瓣瓣地在他的心里盛开，又像雨后的艳阳，有种别样的光彩，他下决心誓死也要追回那份恋情。

小陈看到不一样的缇娜后，一直念念不忘，经过几日痛苦的纠结，一番辗转反侧的心神交战，他最终决定要和缇娜再续前缘。他怀着忐忑的心情给缇娜打了个电话，两个人快一年没见了，电话里难免都有些激动。小陈在电话中提出想与缇娜和好的心愿，缇娜想了想还是拒绝了小陈，虽然她心里还是有他，但是想到两个人的差距，不免心生寒意。

曾经相偕共进的画面时时折磨着小陈，他决定不管做什么都要挽回这份爱情，于是他天天给缇娜打电话。缇娜不接电话小陈就跑到缇娜工作的地方去找她，缇娜表面上一直都无动于衷，直到有天小陈在她门前跪着恳求复合，那一刻她知道，从此幸福牢牢在握。

目前两个人已经在上海有了自己的家，小陈已经成长为一名优秀的法官，缇娜在一家 MBA 的考前英语培训学校做讲师，是这家机构的骨干，两个人的工作能力都得到了领导的赏识，业务能力一日千里，薪水也是翻着倍地增长，缇娜的薪水由原来的每月 3000 元，目前一跃到 4 万元。

通过这件事我们知道，其实在一段关系里面，女人才是真正的定海神针，只要她确定无疑地能够给男人带来希望和价值，那么这个男人会义无反顾地爱上她。而这个转变就是你能不能清晰地认识现在的自己，精准定位，传播到位，并且愿不愿意为了心爱的人，为了自己去加倍努力。

当你有一天愿意从内向外突破，打开那个被封闭的自己，你会对自己充满信心，拥有破茧成蝶的精彩，那是一场重生之旅，你会以另一个别人无法想象的美丽姿态生活，那时你便会收获最甜蜜的幸福。

婚商——定位,幸福扑面而来

Y 雅骊语录
YA LI YU LU

凤凰每一次涅槃重生都要经历巨大的痛苦,每一次重生后也会变得比之前更美丽。

修成正果

幸福其实是一场非常精准的爱情匹配游戏，就像古人讲的门当户对，虽然我们把这种观念看成爱的束缚，但是其本身存在是有绝对的合理性。只有价值观、人生观、世界观以及信仰相近时，爱情才更容易两个人发生并持续，所以两情相悦时，不管做事还是做决定都很容易产生共鸣。

两个人的价值观不一致的时候，其实就像不同转速的齿轮一样，一个高速运转，一个低速运转，当这两个齿轮靠近彼此的时候，肯定是转得快的齿轮会把转得慢的齿轮打飞掉。所以说美妙的恋爱一定要两个人同频。

持有不同价值观的两个人怎样才能够真正地拥有一个稳定的未来呢？你必须有能力和爱人快速统一你们共同的幸福愿景和目标，否则你们就不可能拥有足够长远的未来。如果能统一你们的梦想，找到共同的目标，这时你们俩其实已经踏上了一条船，已经是朝着一个方向前进。感情的摇摆是因为有很多岔路和很多选择，要降低劈腿的风险，就必须把对方带上一条船，成为一伙人，全速前进，这样你们就会各自使出全力，实现共同的梦想。

我们再聊聊姐姐小芳，她给自己安上定位和婚商大系统两个翅膀，现在已经拥有一个幸福的家庭。自从做了妈妈，她的脸上又多了一份慈爱，我想大家肯定也很有兴趣知道小芳是怎样认识她生命中的真命天子的。

那是 2011 年的事，小芳从婚商"毕业"后回老家开了一家服装店，生意一直都很好。小芳本身就是一个很会营造氛围的女孩，她的服装店门口一直有音乐环绕，里面点着熏香，很吸引过往的行人。有天下午，一个男孩被这种雅致的布置所吸引，迈进了小芳的服装店，男孩从外面的布置确定里面的货物质量一定不错，进来看了看果不其然，所以他对小芳的店赞不绝口。小芳也很开心被顾客赞美，特意为男孩泡了杯茶，与他一起坐着聊天。没想到两个互不相识的人竟都感觉对方像是老朋友，通过聊天小芳在男孩心目中的评价更高了，他们给彼此留下了很好的印象。之后男孩经常来小芳的店里，渐渐地两人产生情愫，并在 2012 年一年完成了人生的三件大事：订婚，结婚，生子。现在他们爱情的结晶已经快 3 岁了。

小芳终于找到了自己的幸福，定位帮她做出了正确的选择，优选到适合的人。其实每个人的人生都是一种选择，你选择快乐，快乐就追随你；你选择抱怨，坏运气就绑架你；你选择过高品质的生活，你就必须让自己的价值鹤立鸡群。每一段旅程都是自己选择出来的结果的精彩演绎，不管你是男人还是女人，也不管你是幸福快乐还是痛苦悲伤，你都要做出自己的选择。

当然每个人的选择是不同的，那完全是因为，对做出选择起决定性作用的是你对世界的解读、认知与理解，当你的人生境界提高后，你看世界的角度会随之改变。其实这个道理很简单，打个比方，你从1楼走到10楼打开窗子向外看，你会发现车子变小了，房子变小了，人也变小了，视野变得宽广了。若你站在5000米高空向下看，那么那些曾经在你眼里的高楼大厦，也许看起来像是售楼处的建筑模型。当你的人生可以企及这样的高度与境界，在回到原点看这个世界时，就会发现世界是立体的、多元的，充满无穷无尽的力量，会发现常人眼里看不到的风景。所以当你修炼到有足够恩典的时候，你就会敞开心胸，转换视角，改变思维，转变命运。

生命中有很多这样的人，他们转变了思维，有了能够开启自己心灵的能力，所以他们的人生就会获得辉煌。无法转变的人时时刻刻局限在自我的思维里，将自己画地为牢，他的心待在那里，他的思维也只能待在那里，他的目光也只能看到那里，最终把自己困死在这个牢笼里。

命由己造，相由心生，世间万物皆是化相，心不动，万物皆不动，心不变，万物皆不变。由此可见，生命的境界，生命的未来，说是个谜，其实就在你的眼前，就在你的选择之中，就在你的心里。

境随心生，有什么样的心就会有什么样的境，自然就会结什么样的缘。生命其实有许多的现象，那是种征候，不仅仅是偶然，那是许多过去与未来的连线，关键是你是否具有慧眼，能否瞥见……

还好这姐妹俩通过在雅骊婚商的学习转变了思想，并都收获了自己幸福的人生，这是何等的幸事！一个家庭两个女儿一起来学习，从过去的苦难迎来今天人生的美满与辉煌，幸福牢牢在握，她们同时能够托起两个家庭的未来，保证家庭的和谐，为各自的老公孵化出一个生生不息的幸福家庭，这是何等的荣耀。从此后便日日是天堂，处处有美景。每一个人，在结婚之前、结婚之初，都应该系统地学习婚商，结婚之前，先给自己的婚商做个测试，合格，就继续往下走，谈婚论嫁；不合格，就必须学习和成长。我坚信，不远的将来，婚商就如大学的毕业证书一样，人手一份，成为每一个人一辈子要幸福此生必学的智慧！

所以幸福不幸福的关键是你在对方心目中的价值，你的核心优势就是你的定位，对方靠近或远离都取决于你输出的价值所传递的印象，如果定位不清楚说明该是你提升的时候了。其实每一个困难的背后都有你的转机，所谓的危机，就是危险＋机会。危机是上天降临给你的恩典，就看你是否有福报能够抓住。它其实就是你如何看待自己生命中发生的事，一个人要想成事，首先必须得懂事，懂事才能懂人，懂人才能成人，成人才能成事，能成事的人都是自主的人，都是能够为自己的行为负责的人。

为什么美妙的爱情会让人活得如此开心和快乐？幸福的另一个要素就是彼此成就，托起彼此，共同飞翔。在当今的时代，爱情已经变成绝对的奢侈品，男人很渴求，女人也很渴求，大家都很希望获得幸福，让自己的人生变得圆满。不管你过去曾经做过什么，都比不上感情每时每刻的流动，所以让爱流动起来更重要。比如每天给对方打个电话，或买上一朵花，或两人一起做顿饭，或一起去旅行，等等，都能让对方感觉到你真的很爱他，爱需要表达。

世界上有很多种男人招女人喜欢，其中一种就像我们刚才提到的缇娜的男朋友小陈，愿意陪伴在心爱的人周围为她添姿添彩。有很多人在谈恋爱时信誓旦旦，约定一起打拼，但是之后就各奔东西，最后你才发现人生最大的背叛就是自己的不成长。有一天当我们从迷茫与怀疑中苏醒，从不理解到释怀，就会相信幸福一定会发生在自己身上。前提是你的价值要足够鲜明，这个世界给了每个人出彩的机会，需要你去把握。

每一份感情的背后都有一份恩典，不同的人会达到不同的境界，归结出来有三个层次：第一层是关注自我，就是关注点永远在自己身上，一切从自己出发，做一件事之前老想着对自己是否有利，自己的得失在哪里；第二层是关注事，关注点是共同做一件事，如何把事情做好，借事修心，在做事情上，全力以赴，最终沿着做事情的方向，把事做好的同时，顺带彼此共同飞翔；第三层是关注点在他人，首先有利他之心，服务他人之心，凡事想怎么能更好地帮助对方，助对方成功，成就他人的同时，顺带成就自己。

很多人都在说交给，想要幸福，必须把自己交给当下，其实真正的交给就是当下的全力以赴，当一个人能把相信推动成信念，再把信念推动成信仰，这个时候便是你生命中的辉煌。

人们因事结缘，因缘生爱，因缘际会，爱在延展，我们经常说事情，那到底什么叫事情？就是共同经历事才有情。没有事连接的情等于是空情，没有情连接的事，会很容易成为恨事，所以人们需要共同经历事才能把情延续下去。

定位：瞬间转念，华丽转变

爱情或婚姻本身就是一件伟大的事，关键是如何透过爱情或婚姻这件事把彼此之间的情牢牢地维系在当下，顺延到未来。很多当事人都用过去的付出来期待今天的美满，其实过去不管如何都已经结束，当下这一刻没有创造就没有未来。

当一个人达到自我的圆满时，他就会自立自强，但是当一个人太自我的时候会完全活在自己的世界里，那么他的困境就又出现了，这时人们就会掉到第一个漩涡里去，回到自私的状态。所以人的思维程序必须时时刻刻不断地在升级，不断地向更高的境界去修炼。当他达到利他的境界时，心甘情愿地付出就会成为习惯，因为他非常清楚，要主动关爱他人、成就他人，通过成就他人顺便成就自己。他马上会找到幸福的捷径，这同样是婚姻的本质。

缇娜和她的姐姐两个人很幸运，她们全然相信婚商能够改变她们的命运，因为福报够深，她们共同走进了婚商大系统，瞬间人生开启了天窗，世界从此通透无比，再也不用为不知道寻求幸福的道路怎么走而焦虑不安，再也不用担心不知道幸福长什么样子而苦恼。

特别值得一提的是，缇娜的男朋友小陈与她一起走进婚商来学习，同样为自己安上了定位与婚商大系统两个翅膀，两个人带着整个家庭一起飞翔，父母不但不再反对他们的婚事，还在上海为小两口买了结婚的新房,他们不仅赢得了父母的爱,同时还赢得了认可与尊严。

未来,只要他们需要,随时可以回到雅骊婚商进入第二个阶段的修炼,轻轻松松地撬动幸福,握牢幸福,直至进入第三个境界:你的幸福你做主,你命由你不由天!

雅骊婚商就是这样一个地方,是每个女人心灵解压的道场,是为每个女人生命扩容的充电器,让幸福按照更加自然和谐的方式,轻巧地发生。每一个想拥抱幸福的女人,都必须学会用婚商的智慧来武装自己,让婚商成为这辈子为幸福保驾护航的有力武器。

每个人的选择是不同的,那完全是因为,对做出选择起决定性作用的是你对世界的解读、认知与理解。

chapter7
定位：赞美的智慧

——幸福，你真的认识它吗？

幸福，你真的认识它吗？

"你幸福吗？"这是个热议的话题，我们也听到过很多有趣的回答。幸福或不幸福，每个人都有自己的答案，每个人对幸福也都有自己独到的定义。然而很少有人能为自己定义清楚，什么才是自己幸福的核心密码，有别于他人，不可被替代。幸福的核心就是必须有独到的定位，一切围绕优势来体现自己的价值，不明白自身价值的人就像失去引力的星星，注定只能围着别的星星运转，而不了解自己核心价值的人，在感情中会丧失主导地位，一如随波的浮萍，如何能获得幸福？只有了解自身的价值，才能有更好的定位，才能制订更好的策略，掌握幸福，引爆幸福。了解自身的价值，就像握住风筝的引线，引线的那头是定位，无论风筝飞得多远，幸福依然牵在手中。

我的学生克瑞斯，一个在恋爱中失去自我的人，一个不了解自身价值的人，她的恋爱结果注定是一个悲伤的梦。

初见克瑞斯的那场沙龙，我们在讲如何让你喜欢的人更喜欢你。她一声不响地坐在角落里，与周围热闹非凡的环境格格不入。她总是带着审视的眼神扫视着在场的各位，当你注意到她时，她马上收起目光。我当时就想这个女孩一定很有故事,她到底经历过怎样的变故,才会变得如此小心翼翼,有如此飘忽并且带着审视的眼神。仔细观察了一下,却让我非常惊讶。据我所知,她来雅骊婚商的时候其实比我小一岁,是一家外资企业的人事主管,年薪将近50万元。虽然个子不高,1.53米,胖乎乎的,但她穿着蓬蓬裙,不施粉黛,素面朝天,俨然未成熟少女的装扮让我讶异。在上海,女孩们的装扮是很讲究的,或浓妆或淡抹,打扮得花枝招展,每个人看起来都很有品位,很小资,精致如花,像她这种与自身气质并不搭调的着装的确让我吃了一惊。

后面的沙龙克瑞斯也陆续地参加了。记得她第二次来,我们分享的主题是"爱情其实很简单"。我问她:"美女,你今天带想法来了吗?有什么需要我们支持或帮助的吗?也许你可以跟我们分享一下你的故事。"这次我仔细打量了她,她依然是那抹藏青色,小西装配上同色系的西服裙,戴着一个大大的眼镜。我请她把眼镜摘掉,眼睛是心灵的窗户,摘掉它才能让我们靠近她的心灵,发现窗户里美丽的风景。

那一天克瑞斯聊了很多,当聊到人生的困境时,我才知道她原来有着怎样悲伤的经历,在她的人生中那是一场如此大的变故,让她变得小心翼翼，她的心被击得粉碎，从此失去了自信。所以，一场爱情如果是美丽的开始，结局却是不堪回首的记忆，留给女人的，只能是伤痛。

事情发生在三年前，恍如隔世，却又历历在目。那时克瑞斯遇到了一个自认为可以相伴到老的男人，那场恋爱，开始也如同所有美丽的恋爱一样，甜言蜜语，你侬我侬，黏得如同化不开的胶，甜得如同冲不淡的蜜，却不知这场相交是场孽缘，一次的不慎留给她难以言说的伤痛，心中的血和泪宛如落花，散落了一地。

因为年龄的原因，父母不停地催促克瑞斯结婚，这如魔咒般萦绕在她的耳旁，父母经常唠叨："你的妹妹们都结婚了，弟弟也结婚了，你都这么大了，怎么还不结婚呢？快点找个人嫁了吧！"这样的话语不绝于耳。偶尔妈妈也会说："你看，我的年龄也大了，万一我哪天走了，你还是一个人，没人照顾了，心里惦记着你，我该如何放得下心啊！"女儿是妈妈贴心的小棉袄，她跟妈妈的关系很好，每次听到妈妈这么说，她的心痛得如同拿刀子在割，一片一片的，血淋淋洒了一地，满是她的无奈与自责。

自那以后克瑞斯就暗下决心："我一定要在妈妈有生之年给自己找一个合适的伴侣，让妈妈以后不要为我的人生操心，而且要尽可能得快。"这大概就是她慌不择路冲进爱情的原因，这个决心推动她，去寻找幸福。

父母的催促让克瑞斯急切地想要找到自己的伴侣，内心的空虚和孤独让那个男人走进了她的心。开始相识，少不了心动和浪漫，男人的一些举动总是能在她的心海里激起阵阵涟漪，印象深刻的是那次突如其来的感冒。独立如她，坚强如她，这样的她早已脱离父母的羽翼，在上海买了一套房子独居。她那次感冒很严重，难受到下不了楼的地步，那时她与那个男人相识刚刚三个月。

生病的人都是脆弱的，脆弱的克瑞斯跟男人说，她今天感冒很难受，去医院没人陪，但她自己也不想去医院。男人二话没说，过了一个小时到她楼下，为她捧来一锅热汤，进来后用手温柔地抚摸她的额头，看她烧得是否严重，轻声细语地安抚她："如果你真的不想去看医生的话，就不要去了，因为感冒这个事情其实医生也没有一个特别好的方法，与其去医院来回折腾，还不如留在家里喝点热汤，发发汗，赶紧把我端来的汤趁热喝掉。"这锅汤是男人接到电话以后，跑到餐厅里请人家帮他煲了，然后亲自给她捧过来的。这件事深深地打动了她，那一刻她感到了丝丝的暖意渗进她的心房，甜甜的感觉，比那锅汤还要美味。

故事在继续。"我长到这么大,从来没有一个男孩对我这么好过,这么热情,这么体贴,在我最需要的时候马上来到我的身边,陪伴我,照顾我。从那一刻起,我就认定了他,他是可以托付的,我也愿意把自己交给他,相偕白首。"

自那之后他们的恋情就像冲破寒冬的春天,迅速升温。不久之后他们就搬到一起生活。那时男人经常和克瑞斯分享自己的梦想,男人说他其实很希望未来可以自己创业,然后建立自己的商业王国,和她规划美好的未来。男人是医药公司的一个代表,所以想做医疗器械这个行业,他自信地告诉克瑞斯,他手上资源很多,这个行业他可以做得很好,可以挣很多很多钱。每天他都会跟她分享他的梦想,他的人生规划,他未来的蓝图,他的愿望,等等。那时一切都是那么美好,与他相伴的每一天都如沐春风,幸福如樱花绽放,美丽绚烂。

相处之后,克瑞斯发现男人的确是个有想法的人,但现实却很骨感……

男人经常信誓旦旦地说:"我一定要在3年之内做到1个亿,我要在10年之内做到10个亿,将来我的公司一定能上市。"但问题是,自己的公司在哪里还没有一点影子,这样的话,总是很轻易地从男人口中说出。克瑞斯心里隐隐觉得不安,每当她心生疑惑时,男人总是对她轻声软语，百般讨好。克瑞斯想着男人对她这么好，既然爱他，就要相信他，男人虽然有些不切实际，但只要自己在他身旁帮着他，看着他，应该不会有什么问题。她觉得男人有梦想是一件好事，其实她自己并没有什么大的志向和梦想，如今男人有自己的梦想，她想帮他实现，想要成就他。实现男人的梦想成为克瑞斯的梦想，所以她积极地帮他物色人选，寻找投资方，把她周围的资源也同他分享。每天虽然很忙很累，但却感觉甜蜜、幸福。

　　皇天不负有心人，最终有四五个朋友决定投资。可是男人手里的 30 万元并不够，于是便开口向克瑞斯借。男人的话算不上甜言蜜语，也算不上信誓旦旦的承诺，但他说得很现实、很实际。克瑞斯怀疑过，挣扎过，但禁不住男人的软磨硬泡，想着他们早晚要结婚，一心软就答应了，于是就把自己 50 万的银行存款打给这个男人。男人开始的时候非常热情，积极地筹备，找办公室，进设备，一切如火如荼地进行着。看着他每天忙进忙出的身影，克瑞斯非常高兴，之前的疑虑也就烟消云散了，她为有这样有上进心的男朋友感到欣慰。每每想到以后可以与这样的男人相守一生，相伴终老，心里犹如万花齐放，幸福在她身旁散发着迷人的香味。

　　然而，这真的是克瑞斯的幸福吗？

破碎的梦境

　　幸福和美好在那一刻满满的，仿佛会溢出来。如果上帝对克瑞斯还是那么宠爱，不去打碎这美梦，或许一切会幸福下去……但是生活没有如果，是梦总会醒，如镜花雪月般的幸福无法天长地久。

　　男人依然在为他的事业东奔西跑，几乎每天都在外面四处奔走，不见人影。下班回到家后，克瑞斯总是看着空荡荡的屋子发呆。曾经这里充满两个人的欢笑，他们在这里愉快地谈论着人生、梦想，一起在厨房做美味的晚餐。现在只剩下她一个人了，开始她还不断地宽慰自己，男人只是忙碌，他并没有忘了自己。一个人待久了免不了胡思乱想，但是又见不到男人，只能打电话给他，电话很少能打通，但还好男人偶尔会回一个电话给她，虽然满腹怀疑，但是在听到男人疲惫的声音后，她便忍了下来。她知道男人一定很累，每天都要跑业务、拉客户。像这样能偶尔听到他的声音，克瑞斯便知足了。

　　时间就这么过去了，连克瑞斯自己也不记得有多久没见他了，心中的寂寞和不安随着时间的流逝越来越深，以往的甜蜜在这一刻变成苦涩，那种苦味比她爱喝的苦丁茶还要重上几分。

茶苦的是味蕾，情苦的却是心。

就算如此，克瑞斯还对这个男人抱有幻想。想着自己生病时男人的义无反顾、温情呵护，想着以前的甜言蜜语，想着他对他们未来的憧憬，也就选择相信他，相信以后会好起来。于是她选择了慢慢地等待，等了3个月、5个月、8个月，时间就这么在她心尖上滑过去。偶尔的甜蜜，越来越多的冷言冷语，让克瑞斯的心在沉浮中煎熬着。她的信任和体谅换来的是越来越少的联系，再后来他干脆就不联系她了。自欺欺人可以骗得了自己，却无法去挽回已发生的事。那个曾经说过爱她要和她结婚，要和她一起完成梦想的男人从人间蒸发了，像一缕青烟，随风飘散，仿佛世间不曾有过这个人。他消失得干干净净，不曾在人海中留下一丝痕迹，却在她的心里留下了深深的伤痕。

曾经他们共同编织的美好梦境，在克瑞斯确定自己被骗了之后，和她的心一同碎掉。过去的温柔在这一刻发酵成了毒药，渗入她的五脏六腑，痛到克瑞斯放弃报案。她放弃报案的原因不是她还爱那个男人，而是怕触及她血淋淋的伤口。

想着自己在外企做了这么多年，算不上慧眼识金，也是阅人无数，却不曾想突然被鹰啄了眼睛，落得如此的下场。从此她的生活变成低沉的灰色，刻骨的情伤让她战战兢兢。她从来不敢和外人分享这件事，没有朋友知道，只有家里几个人知道。这段不堪的过往成了她心里的包袱，让她不敢相信，之后跟任何男人交往总是害怕被骗，认为他们不是骗钱，就是骗色。一场欺骗，冻结了她的心，3年来没有一个人走进她的世界，她也没有再谈一场恋爱。

听克瑞斯讲完她的故事，我沉默了好久。克瑞斯这样的案例我在生活中听到过很多，虽然很同情她，但过去的无论是幸福还是悲伤，总之是过去了，重要的是当下，想要在当下活好，首先要摆脱过去，要摆脱过去，就要了解过去形成的障碍，找到阻碍成功的因素。检讨是成功之母。找到失败的"症结"，"对症下药"，才能解决问题，才能真正帮到她。我们就这件事进行深入的探讨，我问她："回顾这件事，你觉得是什么造成这么被动的局面，核心是什么？被骗的主要原因在哪里？"

我的一席话让克瑞斯沉思了很久，她说："其实被骗的原因有很多，但最重要的是自己太过着急，希望在很短的时间内找到一个理想的伴侣，让父母不再那么为自己操心，也让自己有个依靠。"长时间的孤单让她对爱充满渴望，所以突然间遇到一个对自己好的人，一个让她安心愿意依靠的人，便以为这就是她要的爱情，她急不可待地想拥抱幸福，急切造成了她的盲目，以致她没有更深入地去观察这个人，没想过跟她在一起的这个人，值不值得托付终身，人品怎么样。

接着我们就"急迫"这种心理继续探讨，我问克瑞斯："这件事的主要原因是你比较着急，对不对？那又是什么让你着急呢？这背后最重要的推动力是什么？关于这点你是否该再想一想。"

克瑞斯低头沉思了一会儿，说道："其实还是因为我害怕，我害怕错过这个机会，怕抓不住这段感情，更怕以后遇到的人不如这个好，所以最大的问题还是自己的恐惧。"这次我从她眼中看到一丝了然。

我又继续追问："那你恐惧什么？"

"恐惧的根源就是我年龄大了，我今年 40 岁，我怕蓦然回首，那人不在灯火阑珊处。我突然间发现，20 岁的时候没抓住爱情，30 岁的时候没抓住青春，如今已经 40 岁了，这样没有竞争力的自己，如何去抓住婚姻。在当今中国的主流价值观里，女人年轻漂亮就是资本，受男人的欢迎，年龄大了就很难找到合适的男人。所以年龄的增长让我很恐惧，怕越大越没机会嫁得好，越是这样想越是怕。

女人的年龄就像一支套牢的股票，随着时间的推移只会越来越贬值，虽然我内心极不想承认这一点。"克瑞斯说道。

"你觉得造成这件事背后最大的担心是什么？"

克瑞斯说："最大的担心就是怕自己没价值，怕自己越来越不自信，自信真的得有资本才行。"

"嗯，你最担心的是自己没价值、不自信，那是不是你有了价值，你的自信就会被激活，你就不再担心了呢？你所谓的价值是什么价值？在你心中，什么样的人才是有价值的？你身边还有什么人是你觉得非常有价值，你愿意靠近他，你愿意追随他。你想成为哪一种有价值的人？"

克瑞斯说："我很尊敬，也很崇拜我的老板，我的老板就特有价值，人们靠近他，就不想离开，这也是我想做到的。"

"你觉得你的老板身上什么品质最吸引你？"

"我的老板很有爱，也很有责任心，他一门心思就是想帮我们，让我们成长。他有房有车，他也想我们有房有车，他过得好，他也想让我们都过得好。我们愿意靠近他，每次跟他在一起，都能从他身上有所收获，他对于我们来说，是一生值得结交的良师益友。"

"由此看来，你所谓的价值，就是你要对别人的人生有用。你的老板有今天的这个结果和这个'未来',是因为他成就了一批像你这样非常棒的人,你的同事们在上海生活得好不好?"

克瑞斯说:"非常好,我们公司里面40%以上的主管在上海都买房买车了,80%以上的主管至少有一部车。"

我说:"你的老板想要成功,实现自己的价值,首先他是先帮助你们实现价值,他了解你们的需求,知道你们心里想要的是什么,所以他让自己成为一个对你们这群人有用的人,他成就了你们这群伙伴,你们回头也会帮衬到他的企业,你们都热爱自己的工作,也自然热爱自己的顾客,所以他的企业王国自然变得越来越大,到最后,顺带把自己也成就了,是不是?"

克瑞斯渐渐开悟:"你的意思是说,想让自己这辈子有价值,就必须要成为对他人的人生有用的人,必须要了解别人需要什么,要知道如何能帮衬到别人,然后给他们带来更多收益、收获和帮助?"

我说:"对,你现在开始必须要学会给自己的人生定位,想要一劳永逸的幸福,必须提升自己的价值。你之所以害怕是因为价值高还是低?"她说不高,肯定是比较低。"那未来人生的焦点是不是该聚焦在如何找到自己生命中最独特的价值?一个人的定位永远是围绕价值发生的,优化出这个独到的价值,以后持续放大自己的人生，让自己变得真正对他人有用，这样的人怎么可能不受他人欢迎？"

我继续引导克瑞斯："你看树多有智慧，它只需要拼命向下扎根，上面不用规划，自然会长大，你若变大了，其实天地就变小了。都说大树下面好乘凉，当你变得无限强大的时候，别人在你的世界里就有了挡风遮雨的地方，那他人会不会愿意去你的'树下'，会不会蜂拥而至？想收获，你必须把最优秀的种子种下去。"

一个不懂定位的人就是一个不成熟的人，一个无法围绕定位体现价值的人，就是生活的半成品，而一个不懂得用婚商来指导自己未来幸福的女人，情路坎坷是必然的。

克瑞斯下定决心要学习定位，用婚商来获得自己的幸福。只要最终拿到幸福的成果，造船出海永远不如借船出海来得实惠、快速，一个智慧的女人一定懂得借用婚商来为自己的幸福保驾护航！

生活没有如果，是梦总会醒，如镜花雪月般的幸福无法天长地久。

找到自己的位置

克瑞斯是个很认真的人,走进雅骊婚商后,她在学习上非常用心。遇到任何问题她都会带到课堂上跟大家一起分享,请众人为她出谋划策,她从一位故步自封的受害者的状态进入了一个欢乐而积极的场,从而把自己调整得乐观而向上。她在雅骊婚商学习的这段时间无疑是轻松快乐的,因为幸福会传染,她很享受这段时光,每每上翘的嘴角、溢于言表的自信让她发出不一样的光芒,在她身上已经看不到过去留下的阴影了。我知道幸福应该推进一步了。

于是我问她:"接下来必须开始给自己定位,围绕定位来选择未来老公的人选。你要不要确认你未来的方向?如果你在上海,这里是A点,你要去的地方是北京,目标是B点,那你要不要计划自己的旅程应该怎么走?搭乘什么样的交通工具,怎么最省力,几时到?如果你不确定你的目的地在哪儿,又不确定自己的位置在哪儿,如何到达目的地?"

这就是定位的思维,在你把自己发射到对的人群之前,你必须明白你的核心价值在哪里最有威慑力,你对别人的最大贡献是什么,这个贡献是不是别人需要的。当你有了这种思维以后，就会马上发现，定位就是定方向，就像一艘航行在海上的船一样，当它无法确定自己前进的方向时，那么任何一个地方来的风都是逆风。这是否和你的幸福旅程有点像？"

"非常非常像。"克瑞斯说。

我说："那好，既然你确定你的位置在什么地方，那么你又是以什么作为你定位的标准呢？如果你在上海，那上海有没有一个标志性的东西，能证明你在上海？"

"上海有东方明珠，上海有环球金融中心，上海有第一高楼，还有黄浦江。"

我说："对，这就叫标准，这些地标性的建筑，可以确定你的位置，证明你所处的位置在上海。那什么是你生命中的东方明珠？什么是你的环球金融中心？什么又是你的黄浦江呢？如果你无法确定自己的定位在哪里的话，那怎么去寻找其他地方呢？"

只有位置确定你才知道要付出多少代价。在生活中经常会发现有许多这样的人，与这个男朋友交往，装装小可爱、小温柔、撒泼、生气了和他发发嗲很管用，可是，在和另外一男人交往时，用同样的方法就一点都不管用，于是她开始抱怨这个男人真难伺候，对以前的男友很有效,为什么对他不起作用呢?但她们不曾分析过,也不曾反思过,她们在哪一群人的心里是尊贵的香饽饽,而在哪些人眼里这些小伎俩根本就不值一提。

她们不知道自己能锁定哪些男人的心,和哪群人匹配,既不知道自己的定位在哪里,也不了解自己的男朋友的真实需求,连对方想要的价值与期待的幸福长啥样都不知道,那又如何衡量她们所付出的价值在对方心里能够掷地有声呢?

"如果你的位置在上海,我的位置在天津,张三的位置在广州,而我们的方向都是要去北京,那我们三个人的定位出来了,目的地是北京,都坐动车去,而我们所付出的代价会不会完全一样?事实上是完全不一样的。可能你从上海去北京,坐动车你只需要花550元车费,但是张三从广州到北京可能要850元,而我从天津到北京只要55元。对比下来你就会发现,位置不同决定了代价不同。我在天津,55元就到北京了,而你和张三如果只花55元可能刚刚出城没多远,是到不了北京的。这就证明当一个人无法确定自己坐标的时候,付出同样的代价,他这辈子都可能到不了目的地。所以这辈子想幸福,必须做的第一件事就是定位,定出属于你的核心价值,围绕着价值来配备一切资源,并围绕价值来释放你的一切能量,这样你才有机会到达对方所认为的幸福彼岸。"

　　我的话点醒了克瑞斯,她终于明白了,有定位才有未来!有什么样的定位,就即将拥有什么样的生活。她的个人定位直接决定了她对外给人的印象,一个人经营一切都是在经营自己的印象,跟任何人交往,都是凭借对你的印象。买东西凭你传递的印象,印象好,则商品快销;谈恋爱凭对你的印象,决定是否跟你谈恋爱;结婚凭借对你的印象,看与你有没有未来。对于人类来说,与人交往就是销售你的印象,只要没有把印象牢牢地刻在对方的眼、脑、心、神里,那你在对方的世界里就是一阵风,是一片云,来去匆匆,留不下一点痕迹。就如徐志摩诗中所说:"挥一挥衣袖,不带走一片云彩。"

　　接下来我开始对克瑞斯的情况进行评估,她个子不高,外在条件一般,给人的印象也一般,在国内市场不太有优势,不过她很善良、有爱心,很喜欢小朋友,也希望跟自己喜欢的人一起生儿育女。根据这些情况重新帮她定位,到底哪一类人适合她。她经常往返于国内外,内心小资,喜欢到世界各地去旅游,每年至少会出行两次,她一直想找一个喜欢和她一起旅行的人。她把目标锁定在欧美这些国家,老外不会因为她的年龄大、个子矮、身体胖而歧视她,或是戴着有色眼镜来看她,只要她在相处的过程中把内秀精准地传递出去，找到老公绝不是难事。

互联网这个平台很适合她，所以她的幸福就从到网上"淘宝"开始。

开始架构幸福，制订严格的操作计划，任何一件美妙的事件发生必定有一个契机，而规划就是让奇迹尽快来临的导火索。

第一步：秀出自己的核心价值，形成印象定位；

第二步：锁定价值，把志同道合的人吸引到身边，给别人一个爱上自己的理由；

第三步：引爆幸福，在关键节点点燃对方内心渴望幸福的导火索，让他义无反顾地靠近你；

布局简单、清晰、有效，心念动则立即行动，否则就是障碍！

克瑞斯是一个行动力非常强的女孩，一星期之内她就开始上线，照片也拍好了，文档也写好了，她捧着她的文档回到雅骊婚商幸福落地小组。

"亲爱的姐妹们，我的文档写好了，大家快帮我看看，看看我的定位在不在里边。"聪明如她，借用学习婚商智慧，马上消化"恋爱智慧"的精髓，开始为自己定位，并为自己所用。其实，在当下最紧要的就是把学到的知识转化成能为自己所用的智慧，她透过深入地学习"恋爱智慧"有了自己幸福的蓝图,有了定位的"地标"。

雅骊婚商有一个智慧研讨会,名字就叫作"恋爱智慧",专门讲如何透过定位来形成自己特有的战术、战略,最终打好自己的战役。显然克瑞斯已经能够驾轻就熟地运用这门智慧。

"要嫁的男人首先要有一个慈悲的灵魂,我想要这个温暖的肩膀在我疲惫的时候借我依靠一下,等我能量充足时可以继续上路。我不要他大富,也不要他大贵,但是他一定要有颗柔软而懂得感恩的心。我要透过他做的事,来品读他的灵魂。"

有了目标也就有了干劲儿,她满怀憧憬地把资料传到了互联网上,等待她的 Mr.Right……

开始架构幸福,制订严格的操作计划,任何一件美妙的事件发生必定有一个契机,而规划就是让奇迹尽快来临的导火索。

破茧成蝶

然而互联网这条路,并不是那么好走,对克瑞斯来说虽不是荆棘遍布,但也是磨难重重。

如果采用过去的思维,只会延续过去的模式,无论怎么努力,得到的只是相同的结果。只有置换新的软件,给自己的思维意识系统升级,才会有新的出路,带来新的转机,迎来新的局面。

克瑞斯在互联网交友的过程就如她平时的性格,很情绪化,刚开始充满了刺激和新鲜感,很兴奋,相处得也很融洽,但与她交往的人总是不能持续很久,有交往一两周的,有交往三四个月的,之后人家便不愿意再跟她继续,这些恋爱最后都无果而终。这样的经历让克瑞斯沮丧、难过,原以为爱神为她敞开了大门,却发现只开了一条缝。

一次幸福落地小组的互生会上,看到克瑞斯有些萎靡的神情,我不禁问道:"是不是遇到困难了?先把问题的根源找出来,看到底是什么原因,障碍是什么。找到病因、病源,我们才能对症下药。"通过对她的定位与实践的分析,克瑞斯是一个很自律的人,文档、信件沟通、见面，这些她都做得很好，但是核心的问题依然没有解决，就是心太急。

在网上交流的过程，就好像是在沙子里挖真金，真金很散，埋得很深，只有那些最有耐心的人才能挖出来。心急吃不了热豆腐，与人相交也是如此，过于着急会让人觉得太功利。

急躁的克瑞斯在与人相处不久后会问道："我们俩是不是应该进入下一步啊？是不是该见见彼此的父母、见见好朋友，什么时候结婚？"恋爱进程是需要节奏的，男人们有自己的节奏，如此快的节奏只会吓跑他们。他们的第一反应就是："天哪！遇到个结婚狂！"然而一谈到过往，她总是躲闪，不想提过去，不想揭开并未完全愈合的伤口。过去的事像被墨染黑的裙子，她只想把它丢到角落里。一旦有人问到她与前任的关系为什么破裂了，抑或为什么会分手这类的问题，她直接就说那个人是骗子，习惯性地保护自己，至于是怎样受骗的，她只字不提。与她相处的男人对她这种态度感到不满，后来慢慢地失去兴趣，不愿跟她交往。

克瑞斯把这段时间的经历带到研讨会上与我们分享，她说："雅骊老师，我怎么才能够锻炼自己，让我在这方面不那么着急呢？"

我们就这件事的根源继续挖掘："我们来看看你着急背后的原

因是什么？你为什么那么急？"

"我之所以着急是因为我感觉自己年龄太大了，怕越晚越找不到好的，一旦遇到一个条件差不多的，我就希望快点让他与父母见面，看看是不是合适。如果不合适尽早分开，这也不浪费大家的时间；如果合适，就早点结婚。"

我问："你是透过什么来确认对方是合适还是不合适的呢？你的标准是什么？"

"标准是什么我还真不知道，从来没想过。"克瑞斯不自觉地理了下头发。

"你应该想一想你的幸福标准这件事，什么样的人适合与你走进婚姻，他身上的哪些缺点你能接受，他身上的哪些优点你最欣赏，你身上的哪些缺点对方能接受，你身上的哪些优点对方会喜欢，而你拿什么去交换对方的这些价值，怎么才让你们的互动有质量，什么样的信号证明你可以跟他进入更亲密的关系，让感情再上一个台阶。而不是这种急躁的方式，把人扣在那儿，只要你给我按手印，你就成了我的人了。这样的方法是绝对行不通的。"

感情就像裁缝与布料的关系，再好的布料，如果没有遇到一个好的裁缝，也只是一块废料。在谈恋爱中的那些未来的准老公候选人，他们只是你的苗子，是你的"布料"，只有你让自己成为一个好裁缝，才能知人善任、慧眼识人。一块好的布料需要不断地浸染，精工细作，最后才会品质优良，而且对于一块好的布料，我们必须要根据它的材质、它的特色、它的风格，把它裁剪成一件适合这个"料子"的衣服，才能焕发神采。所以找一块好的布料，需要花精力，想成为与好布料相称的裁缝，必须提高自身的修为。只有这样才能够把一块好布料裁剪得当。这个世界，布料好找，裁缝难求！

　　首先你必须相信自己，相信自己有这个能力；其次你要敢于把自己交给这件事，既然布料敢把自己交给你，你就要勇于承担。不要天天老想着，自己万一不够好怎么办，你必须修炼自己，让自己更好。所以，你必须学会如何经营自己的自信、自己的价值、自己的承担。你要不厌其烦地、持续不断地给自己信心，给自己创造一个场，创造一种感觉，创造一个更美好的未来，不断修炼自己，提升自己，不断来夯实自己是一个好"裁缝"的信心和能力。所以一个好的裁缝肯定要经过千锤百炼，就好比不断磨刀，刀才会越来越锋利。你必须允许自己犯错，也必须允许别人表现得不够好，更要接纳自己的缺点和犯的错误。

　　走在幸福的路上，我们就会发现有梦的人恨路短，没有梦的人

婚商——定位，幸福扑面而来

去追逐蝴蝶，蝴蝶永远要逃开，而让自己芬芳，蝴蝶自然来。

恨路长。行走在幸福的路上，是要持续修炼的，所以幸福是一辈子不断修炼的过程，不断前进的过程。你已经看到未来的方向，你现在能走出 10 米，接下来能走出 100 米，未来能走出 1000 米，你的未来会离你的目标越来越近。

通过不断地学习与实践，克瑞斯明白了，要让幸福发生，必须有定位的思维，锁定目标，只做和目标有关的事情，要幸福，必须要持续不断地经营，持续不断地给予，持续不断地相信，持续不断地承担。在这个过程中每个人都难免会犯错，只要勇于学习，最终都会走上幸福之路。

克瑞斯终于意识到事情是急不来的，于是她开始潜心修炼自己，全身心地投入学习婚商大系统，围绕着定位来配备一切资源，让自己变得更有价值、更鲜活。当你真正地静下心来时，能量就开始流动，宇宙就开始转了。

"当我不静的时候，我围着别人转，转着转着把自己转丢了，搞不清楚自己去哪儿了。我现在非常确定只有自己围着自己转，持续不断地经营自己的价值，经营自己的信念，经营自己的道场，让自己变得独树一帜，牢牢地在对方心里扎根，才会有幸福的位置。我相信我有这个本事，我也有这个能力，我现在就在修炼幸福的路上，只要持续不断地修炼下去，幸福一定会来到。"安上了定位与婚商大系这两个翅膀，克瑞斯的底气更足了。

对克瑞斯，我们除了通过价值定位找到她独一无二的价值，还对她的形象进行了改造。在雅骊婚商专业形象顾问的指导下，克瑞斯学会了衣服的搭配、妆容的整理、优雅的礼仪。重新定位让她获得重生，宛如破茧而出的蝴蝶，更加美丽。她的打扮再也不随随便便，穿着上围绕定位打造，妆容也围绕定位进行，举止言谈也是那么怡人，让她看起来靓丽动人，这种改变让她更加有女人味、更加精致、更有质感。同时融入的时尚元素让她看起来既有品位又时尚，所以她走到哪里都会有男士不由自主地为她停驻，行注目礼。

这种改变让克瑞斯对自己感觉非常好，改变给她带来的结果是不可思议的，经过蜕变的她更加有信心、有动力。独树一帜又自信耀眼的她终于迎来了自己的幸福。6个月以后，克瑞斯认识了一位美国的绅士史蒂芬，他住在宾夕法尼亚，是一家公司的人事部经理，身高190厘米，在身高不到160厘米的克瑞斯身前一站，克瑞斯看起来如此小鸟依人。史蒂芬人很好，金黄色的头发，蓝色的眼睛，健硕的身材，儒雅的气质，看起来就是一个很棒的绅士。

刚见到克瑞斯，史蒂芬就被她精致的外表、知性自信的笑容给迷住了。两人对彼此很有感觉，相处也很愉快。史蒂芬认为克瑞斯对事物有自己独到的见解，人温婉而知性，迷人的性格透着可爱和天真，完全符合他心中妻子的标准。克瑞斯也认为史蒂芬就是自己梦寐以求且正在寻觅的男人，两人很快就陷入了热恋。

之后克瑞斯还带史蒂芬来参加雅骊婚商的研讨会，他俩的到来给姐妹们注入了更坚定的信念，只要你敢要，幸福一定会发生。他们特别感谢雅骊婚商所传播的智慧，定位让克瑞斯明白，什么样的老公适合自己，在哪种情况下推进关系，一切在握，同时不会让对方有压力，让幸福发生得那么自然而不着痕迹，让她40岁以后的生命不再走弯路，让她感谢在雅骊婚商的场里还有这么好的一群朋友陪伴她一起成长和蜕变，她也经常会分享在雅骊婚商大系统中所学到、所领悟到的。我们感恩他们对婚商的践行，更感恩他们愿意一起成长，共同经营幸福，在这里也深深地祝福他们，祝福克瑞斯在经历了曲折之后终于找到幸福的未来，也祝福她与史蒂芬一起踏上一段新的旅程。

幸福来临时，总是势不可挡。相处一段时间后，他们准备去美国结婚，克瑞斯也做好了去美国生活的准备。好事成双，这时克瑞斯得到一个很棒的机会，美国总公司那边刚好有一个职位适合她，所以她就顺理成章地在家等待签证，同时准备去美国工作的事。目前克瑞斯已经移民美国，去开启她新的幸福旅程，在美国这片土地上又诞生了一位未来华人总统妈妈的候选人。

克瑞斯的故事，让我们看到定位智慧与婚商大系统实实在在的威力，看到她过去与现在截然不同的命运，看到她在婚商大系统中的蜕变，因为彻底掌握了"定位"，于是一切都发生得那么自然，因为有了进入思维意识的软件与系统，她的幸福再也不是盲目地开始、遗憾地结束，而是一切按着既定的轨迹，轻轻松松地带着她享受幸福！

人生最难的就是相信，不管是经营爱情、经营幸福，还是经营家庭，无论经营什么都离不开相信，经营彼此的信任，经营彼此的交给，经营彼此的承担。婚商大系统就是进入幸福的思维意识系统，它围绕"定位"来提升一个人的价值：经营幸福的境界、方向、策略与相对应的操作系统，让他变得更好，一个人的境界高低，会引领他人生行走的方向，顺带会衍生出他未来人生的策略，再透过他人生的策略，我们去了解这个人，他未来在事务处理过程中的操作手法、操作标准就一目了然了。如果一个人的境界不高，那这个人的人生方向一定不明朗，自然策略失效、操作失误。

当克瑞斯有了定位智慧与婚商大系统这两个系统的保驾护航，她的生活变得更清晰、更鲜活、更如意，也更自如。其实婚商一点都不神秘，它能够让有能力、有智慧的人变得更有能力、更有智慧，让聪明的人变得更聪明，让务实的人变得更务实，让坚信的人变得更坚信。

女人必须通过定位来找准自身的核心价值，并围绕定位来体现一切价值，这样才不会浪费生命，每一个女人都应该花大力气去提升自己的婚商。种子再好，如果土壤贫瘠也结不出丰硕的果实，只要让自己变成一片肥沃的土壤，任何优良的种子都可以在这里落地生根！

停止去寻找所谓对的人，而是让自己成为这个对的人，别人就会千方百计来找你，这恰恰验证了，去追逐蝴蝶，蝴蝶永远要逃开，而让自己芬芳，蝴蝶自然来。婚商就是让你如何"芬芳"的核心密码。与其舍本逐末，不如围绕"定位"经营自己的价值，让自己在对方心里独一无二，不可替代！

只有找准自身的核心价值，并且把自己和别的女人区别开来，幸福才来得靠谱。找到自身价值的女人是耀眼的，她们不再是生活的卫星，而是太阳，让周围的一切围着自己转，按照自己的步调，悠然自得地迈向幸福的未来。

定位与婚商大系统必将走进每一个家庭、每一个家族、每一个民族、每一个国家，为每一个人的幸福保驾护航，必将成为每一个人拥抱幸福的必修课！

有定位会让你活出有品牌的世界，被珍惜、被呵护、被惦记，没有定位的人生得到的就是山寨版的待遇，因廉价而成为品牌的陪葬品，被贬值、被淘汰、被遗弃；有定位的女人有旗帜鲜明的品牌特色，看起来高贵，男人自然会珍惜你，没定位的女人在人群里会被人遗忘，独自感伤命运的不济，一个没有定位的女人，看起来自然不高贵，得不到男人的青睐。

同理，有定位的男人，品牌独特，价值独特，会吸引有使命感的女人来欣赏、崇拜、宠爱，而没定位的男人，只能进入杂牌军的行列，接受被当作垃圾来对待的命运。这就是很多男人女人的现实生活，这辈子，只要你想幸福，千万别再犹豫，拥有定位与婚商大系统，下一个幸福的一定是你！

人生最难的就是相信，不管是经营爱情、经营幸福，还是经营家庭。

chapter8
定位：心灵匹配

—— 你学会如何灌溉你的幸福了吗？

错过的时光

幸福,每个人都在追逐。或许你还在寻找幸福的路上,或许你已经找到了自己的幸福,沉浸在幸福带来的甜蜜中,又或许你已经丢失了幸福,在幸福的门外彷徨。

幸福像花儿一样,需要爱护和浇灌,你学会如何灌溉你的幸福了吗?

流水带走了光阴的故事,留给瑞贝卡的却是满心的困扰。错过花期的赏花者,心比黄连还苦,她能等到那朵为她绽放的花吗?

瑞贝卡是一家品牌红酒公司在中国区的合伙人,他们的红酒进口自新西兰,因为口感和品质都非常好,在国内很受追捧,销量也非常好,这份工作一直让瑞贝卡引以为傲。在工作上,瑞贝卡认真负责的工作态度得到了公司领导和同事的一致好评。她就像一颗耀眼的星星,备受关注。瑞贝卡工作能力很强,与同事的关系也非常不错,同事们都很信任她,认为她是个值得信任的人。有同事的支持、领导的认可,她在事业上顺风顺水,业绩一直很好,虽然她的团队只有 11 个人,但每年至少可以做到 3000 万元的营业额。

瑞贝卡在事业上很有成就感，每当人们和她聊到工作时，就会看到她眼里闪烁的光辉。她眉飞色舞地讲着她工作的点点滴滴，那溢于言表的骄傲和喜悦感染着每一个听她讲的人。工作中的她总是带着不一样的光彩，令人折服，令人向往，这也是她能在事业上成功的原因。

幸福就像四季的轮回，有春天的新绿，有夏天的葳蕤，也有秋天的萧索与荒凉，以及冬天的落寞。工作上得到成就的瑞贝卡，感情上却没这么幸运。虽然算不上困难重重，但也是波折不断。

人生最美的时刻总是在校园中度过的，学习无疑是一件美好的事，然而瑞贝卡却因学业错过了最美时期的另一件美好的事——恋爱。小学，瑞贝卡不知情为何物，心里满满的都是如何拿到100分，得到老师和父母的夸奖，得到同学羡慕的目光；中学时期，青涩的感情萌动，课业的压力和禁止早恋的规定让瑞贝卡一心扑到学习上；终于到了大学，恋爱似乎应该在这个时期绽放，然而瑞贝卡的父母并不是很支持她，原因是大学是知识累积和扩充的时期，瑞贝卡应该好好学习，将来才能找个好工作，那些你情我爱、卿卿我我、花前月下只会阻碍学业。所以一入大学，她的父母就警告她，要高瞻远瞩，以学业为重，不要把时间浪费在感情上，恋爱可以慢慢谈，以后她有无数的时间可以去消磨，不必急于一时。瑞贝卡是一个很听话的孩子，她谨记父母的教诲，四年的大学时间及两年的读研时间，她都专心于学业。

24岁，瑞贝卡终于完成了学业，走出了学校的大门，但她依然没有找到自己感情的归宿。浮华的世界人心难测。工作上的高压和紧张让她无暇恋爱，她想，自己还是个新人，工作还不稳定，等到事业有成再谈感情也不迟。瑞贝卡坚信，身为一个21世纪的新一代女性，一定要有自己的事业，经济上要独立，只有这样才有好的资本去享受生活、享受爱情。她也确信，优秀的自己一定会找到属于她的真命天子。

时光荏苒，四年的时光一晃而过，聪慧、努力的她在事业上终于小有成就，可感情上依然是一片空白。走过了人生的28个春秋，蓦然回首，才发现自己已经错过了很多，风景依旧，但是人却不再，这个世界似乎并不是瑞贝卡想的那样。曾经也有很多人追求她，那时她心系工作，遇到表白或暗示，或直接拒绝，或有意无意地告诉他们，她志不在此，她的心里只有工作，没时间去考虑其他的事。时间慢慢地过去，曾经的追求者们渐渐地远离了。等到28岁，她想真正地谈一场恋爱时，放眼一看，那些她看好的资优男，都早有了属于自己的幸福。剩下那些没结婚的，不是条件太差，就是年龄太小，条件和自己差不多的，就跟她一样，整天为了工作东奔西跑，根本没时间谈恋爱，假如真结婚了沟通都是问题，再剩下的便是离了婚带孩子的，不在她考虑的范围内。

所有的一切并不像她想的那般美好，现实与梦想的落差让她开始慌张，生活中的爱情远不如电视剧里那般易得，不是一回头，就会在茫茫人海中看到那个为你驻足的他，路的转角，不会有人在那里一直痴痴等待。时间会蹉跎一切，谁只为谁守候。就算有，很不巧，瑞贝卡没有那么幸运，这样的人她没遇到。

终于父母也开始着急了，开始张罗着亲戚朋友们帮忙给瑞贝卡介绍对象。之后，她迎来的就是接连不断的相亲。对于相亲，瑞贝卡非常抵触，甚至到了厌恶的程度。相亲一轮接着一轮，幸福似乎越转越远，她去过万人相亲大会，看到成千上万的人去参加，但真正成功走在一起的却是凤毛麟角，根本没办法确保幸福。这也是事实，哪有那么多人一相亲就能成功。她不愿意承受多次相亲后失败的打击，再后来，一遇到相亲这种事，她总是东躲西闪。

瑞贝卡的躲闪终于迎来父母的催促："你看你现在都 28 岁了，赶快找一个对象吧，再不找，可真就找不到了。要是哪天我们没了，你还是一个人，谁照顾你呢？再说我们有生之年，还想抱抱外孙，享享天伦之乐呢。"这样的话听一两遍是触动和感伤，听多了便起了老茧，起了反作用，最终导致瑞贝卡对相亲越来越反感。只要有人给她介绍对象，让她相亲，她就找各种理由拒绝，要么是没时间，工作很忙，要么要出差，要么有事，总之就是百般推托。瑞贝卡觉得她快把这辈子的谎话都说完了。

  父母的焦急和担忧，瑞贝卡不是不理解，所以在听到父母例行的唠叨后，纵使有千般的不愿也忍了下来，为了躲避父母的唠叨，她一下班就回到自己的房间，慢慢地就成了习惯。那天瑞贝卡和往常一样，一下班就朝自己的房间走去，刚好路过爸妈的房间，发现房门虚掩着，妈妈正在房间里打电话，电话那边的是表姨，瑞贝卡又怕是介绍对象之类的，就停下脚步，站在门外偷听，只听到妈妈唉声叹气地说："我也不知道，我这辈子到底做了什么缺德事，瑞贝卡今年都28了，连个对象也找不着。我们老两口说她几句，她干脆躲在房间里不见，弄得我们干着急，好怕她会剩下来。问多了她就嫌我们话痨，给她介绍对象，让她相亲，她成天躲。邻居像她这么大的都当妈了，她一点都不着急，唉，我的命怎么怎么苦啊。最怕亲戚朋友问起这件事，感觉老脸无光。现在过得一点意思都没有。

你说孩子养这么大，有什么好处啊？就这一个宝贝闺女，我们老两口岁数也大了，不知道能不能在活着的时候抱外孙。"

听到妈妈的长吁短叹，瑞贝卡心里一阵翻腾，烦躁、委屈以及工作的疲惫一起袭来。她实在是受不了，冲回了自己的房间，摔上门，扑到自己的床上，只听到"咣"的一声，在房间里回荡。周围一下子安静下来，马上就听到妈妈走出房间的声音，接着是一阵"咚咚"的敲门声，然后就听到妈妈焦虑的声音。

"瑞贝卡，你回来了？"

不知道为什么，一听到妈妈的声音，瑞贝卡就感到一阵火气翻涌，最终没忍住，冲出房间，对着妈妈大声嚷道："你刚才说的话我都听到了，都是被你们逼的，该谈恋爱的时候不让谈恋爱，等到现在想谈恋爱的时候，没人要了，我只能靠工作打发寂寞，现在工作好不容易有点起色，你又嫌我没谈恋爱，又嫌我没有孩子，嫌我这个，嫌我那个。你们到底想我怎样，到底要我怎么做才能让你们满意呢？"

妈妈被瑞贝卡的吼声吓到了，过了好久才反应过来，心里不禁一阵委屈，难过得流下了泪，她用气得有些颤抖的声音说道："把你养这么大，没有得到你任何回报，也没享你几天福，我们更没敢要求你啊，就这么一件事，想你早点找个对象结婚，将来有个伴，能有个家,这倒成了错事了,换来的是你的大发雷霆。"

瑞贝卡一听更是生气,又不想和妈妈吵下去,只好摔门而出。这件事成了导火索,矛盾越来越大,之后她与妈妈无论开始是怎么心平气和,到最后都是以吵架收场。无奈之下,瑞贝卡只好从家里搬出来,在网上找了一间位于徐家汇的公寓,又找了一个很要好的朋友合租。然而逃避解决不了任何问题,只会让问题越积越多,时间就这样一天天地流逝,她与妈妈的关系越来越恶劣。瑞贝卡的焦虑越来越深,渐渐地,她开始惶惶不安,精神也越来越差,有的时候严重到整宿都睡不着觉,只有吃安眠药才能入睡。

光阴流逝,覆水难收,时间让瑞贝卡与父母的积怨越来越深,几度陷入困境,瑞贝卡的幸福也迟迟不来。

幸福就像四季的轮回,有春天的新绿,有夏天的葳蕤,也有秋天的萧索与荒凉,以及冬天的落寞。

为自己充电

逃避或许可以暂时缓解伤痛,但这样的行为无疑是饮鸩止渴。瑞贝卡的逃离并没让她解脱,反而让她陷入更深的痛苦深渊。

被这些事折磨得疲惫不堪的瑞贝卡,选择了来雅骊婚商咨询解决方案。初见她时,她满脸疲惫,却微笑着跟我打招呼,可以看得出这件事让她很困惑。瑞贝卡是个很健谈的姑娘,是一家品牌红酒销售公司合伙人,公司效益也不错。在和瑞贝卡的交谈中我发现,她职业生涯的定位非常清楚,我就问她:"瑞贝卡,你在工作上有没有困惑?"

瑞贝卡清楚地回答我:"雅骊老师,在工作上我并没什么困惑,我对自己的职业定位既简单又清楚,每年我都有自己的规划。"

"你有没有想过为什么你在职业上没有困惑,而在恋爱的旅程中却走得这么艰辛,到底什么阻碍了你幸福的脚步?如果我们能够找到这个源头,直接从源头解决问题,是不是更好?"

我继续引导她:"不管是追求职位的升迁还是薪水的增加,不管是给别人打工还是自己做企业,最终的目的都是为两件事做准备,一个是事业成功,一个是家庭幸福,你认同吗?"

瑞贝卡重重地点点头:"是的,雅骊老师,人生无外乎就这两件事,一个是事业,就是要得到一份好的工作,拿到更多的资源,通过努力工作创造更多的财富,在满足自己的同时,给公司和社会创造更多的价值,并且也希望未来自己的职位会越来越高;另一件事就是拥有一个幸福、温馨、和睦的家庭。"

"好,拿你创业这件事来说,你做过很多努力,付出过很多心血。那么你努力的最终目的是什么?是不是想过上更好的生活?如此拼命努力地做事业,无非是想让自己在财务上得到解脱,在经济上独立,在事业上有成就感,让自己的人生因为你做的事而焕发无限光彩,而事业的成功最终还是为了让家人生活得更富足、更快乐、更安心,最终拥有一个美满幸福的家庭,对不对?"

其实每个人的终极目标都离不开这两个,一个是事业,希望通过自己的努力,能不断让自身价值最大化,功成名就;另外一个就是家庭,希望能遇到一个有共同目标、共同理想的人一起成就彼此的人生,能够在婚姻中得到无限的幸福和心灵的解脱。这是生命的两个落脚点,不管你是谁,不管你有多大的权力与财富,上至帝王将相,下至堆砖砌瓦的建筑工人,这就是人生追逐的两个终极目标。

我对瑞贝卡说:"你在事业上有一个不错的开始,对不对?现有的工作,你可以很轻松地面对它,对吗?"

"对,我在工作上非常轻松,来找我的人无非是买红酒或是卖红酒,还有就是对酒感兴趣的,关注酒水这个行业的人。我知道他们要干什么,也明白自己在做什么。"

我说:"从这件事我们可以看到,你的职业定位非常清晰,所以来找你的人都是有求于你,你能够给他们带来价值,所以他们和你相处就不会刁难你,反而因为你的事业能够给他们带来好处,所以更加敬重你,让你很有成就感,对吗?

"相反,为什么寻寻觅觅,爱情难得?要么就是找不到合适的人,要么就是找到的却不合心,不是对方太差,就是看起来还不错的,对自己没感觉,总有一群不合适的人出现在自己的生命中,生命没有得到滋养,反过来简直就是在浪费光阴。"

我继续引导她:"在工作中,买鞋的会来找你吗?不会,因为他们知道你不卖鞋。买米的会来找你吗?买房子的会来找你吗?买家电的、买日用品、买飞机的呢?统统都不会来找你,也不会来麻烦你,更不会来责难你,是不是?因为他们清楚地知道,你这里没有他们需要的服务。

"这就是定位,你在职业上的定位非常清晰,这个定位除了让你知道你是干什么的之外,也会让别人找到和你相处的空间和位置,他们不会因为你没有或者不擅长的东西而埋怨你、责怪你,它瞬间形成了你的标签,成为你给别人的印象。"

"我是一个品牌红酒的销售经理。"瑞贝卡答道。

我说:"你售卖红酒,你代表的是一种产品的品类,同时代表一个企业的品牌。那么,你的职业品牌是什么,是红酒的销售经理,所以人们一想到购买红酒,首先想到的可能就是你,想到你能够给他们提供有关红酒的信息,解读红酒不同的品质、产地、口味等。品质间的差异直接导致了价值差异,所以免不了遇到感兴趣而向你讨教有关红酒学问的人,他们会不会一上来,就指手画脚说你的酒这也不好,那也不好?"

瑞贝克说:"对我公司的红酒感兴趣的人当然不会这么做,他们会很有兴致地听我给他们讲解,非常尊重我,买了我的酒还要感谢我。而不感兴趣的人当然会吹毛求疵,不是问题的都变成问题了,说我公司的酒颜色不好,品质不太好,价格贵,等等,反正都是问题。"

"非常好,你看,职业定位清楚,品牌有价值,客户来找你是不是很容易?你与客户成交是不是也很容易?其实恋爱与这有异曲同工之妙,爱情中也需要旗帜鲜明地亮出自己的品牌,用价值来感召爱情,让男人看到你的价值恰恰是他想要的,从而心甘情愿地靠近你。爱情要发生，幸福要靠谱，必须让他来锁定你的价值。透过定位，你就会很容易识别哪些是你的目标人群，哪些不是。

"职位定位精准，你就拥有了自身的品牌，同时拥有了发展空间和价值空间。你马上可以以这个定位为起点，设计你未来的发展蓝图，描绘未来事业的脉络。就拿你现在的事业来说，以你的发展空间和财富积累速度来说，你可以预测你将来发展的价值空间吗？"

"完全可以。"瑞贝卡很自信地说道。

"我之前听你说过，你现在的年薪是20万，那么明年有没有可能增加5%？"

"不止增加5%，我明年有可能达到30万左右。"

我说："好，那你从现在28岁开始计算，一直到你50岁退休，你还有22年的时间，就拿你现有的薪水来说，你未来的价值可以量化出来吗？你卖红酒，你应该很了解红酒的价值，红酒的价值随着品牌的增长是上升还是下降呢？假如说你50岁退休，你的财富可以累积到什么程度？"

瑞贝卡说："那肯定是持续向上的，红酒不仅能够保值，它还能增值，某些品牌的红酒还具备投资价值，越有名的品牌，血统越高贵，它的价值就越高。可能这瓶酒今年是2000元，明年是2500元，后年有可能5000元，10年后可能飙到1万元一瓶。至于我的财富呢，如果按平均每年30万的话，20年后那也要差不多700万。"

我微笑着看着她："瑞贝卡，你对你的人生自不自信？"

瑞贝卡很肯定地答道："自信啊，我是一个有能力的人，我有能力赚钱，创造自己的财富，我也知道我在做什么，我的客户是谁，他们的需求是什么，我更知道我的价值在哪里，我应该把我的产品销售给谁，我能给我的客户带来什么样的价值。"

由瑞贝卡的例子就可以看到，当一个人对自己的定位非常清楚时，就能够懂得如何有条不紊地处理自己的事。就拿瑞贝卡来说，她是一个品牌红酒的销售经理。她知道自己代表了一个品牌，她清楚自己的职业定位，所以别人也能看懂她人生的价值，最重要的是，瑞贝卡能够看到自己价值的阶梯，所以，她在职业上一点也不担心自己的价值。

我继续说道："瑞贝卡，刚才我们聊了那么多，我已经清楚地了解到，你的职业定位是什么。那么我问你，你觉得你未来的职业生涯会贬值还是会增值？"

瑞贝卡用不容置疑的口吻说道："雅骊老师，当然是增值的啦，像我们这样的人才，中国其实并不多。我在我们行业里算是精英人才,随着经验的积累,在未来肯定是越来越值钱,700万对我们来说只是一个小数字,按我现在成长的速度,学到的东西肯定会越来越多,就能更清晰地把握未来,并能给我的客户提供更多价值。这样说的话,一辈子赚2000万也没有问题。"她笑着做了个鬼脸。

我问她:"工作上你很自信,那你的这份自信是哪里来的呢?为什么在寻找爱情的时候突然间就没有自信了呢?为什么老是你去寻找爱情,而不是让爱情自动找上门来?你在爱情中的品牌和定位是什么?够清晰吗?够鲜亮吗?独树一帜吗?"

随着咨询越来越深入,瑞贝卡的理解也越来越深入,她终于慢慢明白了我的用意,她仿若初见朝阳,兴奋得脸颊通红:"雅骊老师你太好了,太厉害了,你点醒了我,在爱情中我也应该有定位。"

我说:"对,你作为一个女人的定位是什么,核心价值在哪里,什么人最欣赏你,在什么人的眼中你是独一无二的宝贝,谁会来珍惜你而不是挑你刺?"

我一连串的发问瞬间让瑞贝卡傻眼了,她呆呆地愣在那里……

"很显然你没有定位,当你不知道你作为女人最独到的定位是什么的时候,你就无法彻底释放你的价值给对的人群。就如你的红酒,在喜欢的人眼里,它是玉液琼浆,在不喜欢的人眼里,它就是恶魔的帮凶！

"随着年龄的增长，很多女孩觉得，她们的价值随着青春的逝去慢慢消亡，你同意这种看法吗？在中国，女人年纪大了以后就像被套牢的股票一样，随着时间的流逝，会越老越贬值，这样的论调比比皆是。有很多像你这样的女孩，28 岁还没有恋爱结婚，因此开始恐慌，开始害怕，害怕的很大原因是怕找不到合适的。"

"雅骊老师真的不瞒你说，我真的有点担心，其实很害怕，而且我现在不确定自己未来能不能找到一个真正适合自己的伴侣，一个愿意让我与他走进婚姻关系的人，其实我对结婚这件事一直不是很确定，所以别人一向我提起结婚这件事，我就头大。"

我问她："你头大背后的原因是什么？刚才你提到你对感情的态度，你说你很害怕，很恐惧，然后又不肯定，对不对？那我再问你，你相信自己一定能获得幸福吗？"

瑞贝卡说道："雅骊老师，我还真不敢说，真不确定，你问我头大背后的原因是什么，明显是害怕和不确定。"

我说："我们再深入一步，你害怕的原因到底是什么？究竟是年龄问题还是其他原因？为什么 24 岁的时候，你不慌着谈恋爱，而 28 岁时开始慌了呢？"

瑞贝卡一脸忧伤地看着我:"雅骊老师,说实话,我真不知道在爱情中,我最大的价值是什么,别人为什么一定要和我一辈子相守,不离不弃,就因为不知道,所以老是不敢走进一段关系,拖拖拉拉,就怕不长久,自己会受伤。"

其实每个人的内心都打着同样的算盘,不管是男人还是女人,恋爱之前都会先评估一下,对方是不是值得自己托付终身,一辈子相守。

我继续引导瑞贝卡:"如果你不知道你作为一个女性的价值是什么,在关系中又何谈有胜算,你根本无法确定自己是游离在对方的爱里,还是在对方的算计里,遇到问题的时候,你便无法摆正你的立场与原则,幸福就怕站错位,这也是为什么很多人一直逃避婚姻的原因。打个比方,假如你现在谈了一场恋爱,你不知道你能给对方什么样的好处与未来,那对他来说,跟你在一起与跟其他女人在一起没有什么本质的区别,那他为什么一定要守着你?

"女人嫁给一个男人,其实就是嫁给一种生活,她嫁给一个什么样品质的男人,代表她即将过一种什么品质的生活。当一个女人进入一段关系后,她能否给对方加分,决定了她在男人心目中的位置。其实一个男人娶一个女人,同样是娶了一个家庭的未来,因为他同时被一种价值观'绑架',如果老婆是个积极向上的女人,他们的生活就是积极向上的、有活力的、充满正能量的,孩子有爱,家庭有未来;如果老婆是一个消极的、充满负面情绪的、喜欢抱怨、总是指责别人的女人,任他什么样的男人娶到这样的女人,整个家庭都会跟着倒霉。面对这样的终身大事,男人会不重视吗?所以你要仔细想一想,无法让美妙的爱情发生背后的原因究竟是什么呢?"

瑞贝卡从未思考过如此严肃的问题,她瞬间被问住了……

这次谈话让瑞贝卡回去思考了整整一个星期,这一星期,她过得很艰难,经过痛苦的思索之后,她终于得出一个结论:没有清晰的定位,就不可能获得真正的幸福婚姻。

瑞贝卡激动地对我说:"雅骊老师,我明白了,我来雅骊婚商就是为了学习定位的智慧,学习经营幸福的系统,只有我清楚自己的定位,并围绕自己的定位来展现我最优秀的品质,我才能吸引到我最欣赏的男人,过去不知道什么是自己的定位,更不清楚自己的价值,走了不少的弯路,今天我要弄清楚我的定位是什么,围绕我的定位来给自己加分。"

看到这样的瑞贝卡,我很高兴,能够走进雅骊婚商的人都是有福报的人,跟钱无关,但是跟造化有关,有的人先天的命很好,但只有三分的造化,三分的福报,所以活得很不如意。例如,你经常会发现，有的人超级聪明，但是就是觉得怀才不遇，人生难遇知己，鲜有人懂自己，这样的人必须加紧修炼，因为他天生的命很好，但恩典不够，必须增补自己的福报，让自己生出智慧去连接那些卓越的资源，为自己所用。而有的人虽然天赋不高，但造化很好，福报很大，所以他可以轻而易举地拥有幸福，拥有财富。

其实当你定位清楚时，你就能看清自己的价值，明白自己能给别人创造什么价值，这种价值并非短暂的，而是持续在增值的，就如不老的红木家具，随着时间的流逝，"绽放"成一件永恒的奢侈品，哪一位卓越的绅士会不喜欢有品质的女人？

其实每个卓越的男人都需要一个稳定、安全而温馨的家，他希望妻子是自己风雨归来避风的港湾、扬帆起航泊船的码头、一天疲累后的加油站。你是否曾经思考过，我们为什么愿意靠近那些优秀的、成功的、带有正能量的人。那是因为，我们能从他们身上得到我们需要的能量，得到滋养，找到希望，获得那份稳定的、安全的、确定的感觉。

只要你有本事成为家里的定海神针，你只需围着自己的价值转，不断让自己增值，那么一定会有人心甘情愿地围着你转。所以，在幸福里你必须有自己的杀手锏，出手就有效，否则，你的幸福大厦永远都是一种摇摇欲坠的状态，只有找到自己的位置，才能看到幸福的方向。其实在生活中，不管是进入恋爱还是走进婚姻，同样需要定位，只有找到自己的价值并给予对的人，才能锁定未来。

明白这一点以后，瑞贝卡马上沉下心来，她认识到必须为自己充电，于是她毫不犹豫地加入了雅骊婚商成为会员，潜心深入学习定位智慧，积极与雅骊婚商大家庭的姐妹们互动，积极参与婚商大系统的所有学习。经过半年的时间，瑞贝卡如破茧重生的蝴蝶，华丽转身，她对恋爱和婚姻及其自身价值有了很深刻的体验和体悟，拥有了定位智慧与婚商大系统，她就拥有了幸福的藏宝图。

在这个过程中，瑞贝卡明白了一个非常浅显且清楚的道理，定位就是杀手锏。围绕她的特色，我们给了她一个很有趣的定位——充电器，不管是跟谁待在一起，瑞贝卡都是他人人生助力的充电器，时时刻刻提供动力，并帮助他提供能量，确保自己像春雨一样，在自己的爱人内心干涸时，给予滋润，让那些和她在一起的人感到惬意、感到舒适，在她这里体验到生命无限的活力。

婚商——定位，幸福扑面而来

Y 雅骊语录
YA LI YU LU

只要你有本事成为家里的定海神针，你只需围着自己的价值转，不断让自己增值，那么一定会有人心甘情愿地围着你转。

迟来的幸福

士为知己者死,女为悦己者容。一切围绕定位开始规划自己的未来,黎明前的曙光穿过一道缝隙照射进来……

瑞贝卡的个人品牌定位之旅,扬帆起航……

品牌定位:卓越人生的充电器。

特色风格:口吐莲花,喜欢赞美他人。

印象定位:知性俏皮的暖美人。

个人特长:运动改变生命品质。

传播渠道:交友网站、婚介、相亲、特色派对……

目标人群:喜欢运动的、有一定特长和专业的优秀男士,渴望被认可、被需要。

在瑞贝卡还没进入恋爱之前,要做的第一件事是形象打造,出手就要赢。你的形象价值百万。一个女人看起来高贵,男人就会珍惜;一个女人看起来廉价,男人就来消费你。

既然瑞贝卡的定位是做老公的幸福充电器,那首先外表就得吸引目标候选人,你得有足够的资本让对方愿意把你带出去,觉得和你出去是一件加分的事、很享受的事，而不是怕把你带出去会丢脸。她的定位是幸福的充电器，所以不管是从着装上、与人交往的态度上，还是从语言表达上，她都严格按照婚商大系统的准则来要求自己，让自己生活的方方面面都充满正能量。

瑞贝卡很风趣地调侃道："婚商大系统就是我的藏宝图，我按照路线来安排我所有的工具和素材，我把自己武装成一个能量的输出源，不管谁跟我待在一起，我都会输出我的能量，输出我的价值，输出我的关心、呵护、爱与慈悲。"所以任何一个男人跟她待在一起都觉得这个女人很特别，和她在一起突然间变得有力量了。心中即使有不开心的事，但只要跟她在一起都会被欢乐驱散，靠近她就会产生一种很温暖、很舒服的感觉，会觉得生活变得美好，未来充满力量。从此瑞贝卡身上产生了一种柔软的无条件的爱，让靠近者如沐春风。

女人如红酒一般，越陈越香醇，随着时间的流逝，瑞贝卡逐渐摆脱了年龄贬值的束缚，不但不再焦虑，反而越来越淡定，越来越从容。经过沉淀的瑞贝卡如红酒一般，清香四溢。经过在雅骊婚商的持续充电，瑞贝卡终于迎来了她迟到的幸福。

不到一年时间，瑞贝卡终于遇到了与她心灵匹配的 Mr. Right，找到了与自己风雨同行的爱人，这是何等的幸事，他们的结缘是这样发生的：

那个男人跟瑞贝卡一样，也很喜欢红酒，是瑞贝卡的客户，是一家酒店集团的采购主管，他是在一次订货会时跟她认识的。他从来没有见过像瑞贝卡这样有活力、充满正能量、可爱而诱人的女子。每次聊天，他都感觉瑞贝卡是那么了解自己，能倾听他的心声，他的心田就如久旱逢甘霖般酣畅，他是那么渴望这个女子走进自己的生命。

他深深地被瑞贝卡迷住了。为了追求瑞贝卡，他每天接她上下班，无论刮风还是下雨，这个护花使者总是会准时出现在瑞贝卡的身边。冬天带她去滑雪，夏天带她去旅行，一起听小鸟的叫声，感受生命蓬勃的律动。瑞贝卡终于被他的真诚打动了。6个月后两个人开开心心地确定了恋爱关系，偶尔两个人的恋爱之旅也会因为日常琐事而"颠簸"一下，但因为瑞贝卡持续沐浴在婚商大系统里，遇到问题，她总能迎刃而解，快速找到解决问题的方法。终于在一年后，两个人高高兴兴地走进了婚姻的殿堂。如今的他们已经有了自己的爱情结晶，这一段美好的爱情，终于开花结果。

美妙的爱情会开启你生命幸运的天窗，推开它，你会看到一个更加广阔的世界,在这个世界里,你因为被爱包围,心中会产生更多的爱,慢慢地,你开始被疗愈,智慧之光被开启,直到有一天,你的爱已经溢出来了,你会迫不及待地想给出去,你发现给得越多,收获得越多,于是你会更积极地给出去,更开心地收获,再给出去,再收获……这就是爱的循环,这是生命的真谛,也是这个世界运行的终极平衡法则,给与收是永远平衡的,只有给得彻底,你才能收得疯狂,想拥有爱,请先把爱的种子种下去,把爱给出去……

从此以后,幸福就是这样时时刻刻在你的生命中发生。

每个人都想要拥有幸福,并希望自己拥有的那份幸福能够长久。那么他们的幸福就需要有一个前提——持续增值。幸福就是增值,幸福感就是幸福的感觉要持续,今天比昨天多一点,生活中永远没有明天,只有不断出现的今天,只要让今天增值,幸福自然会持续。彻底弄明白这个道理,你的生命从此再也不会纠结,因为你只要把今天活好,未来一定会更好!

幸福就像花儿一样,需要持续地养护、浇水、施肥、除草、松土,需要有人为它提供一块肥沃和安全的土壤,这块土壤就是幸福成长的地基。人与人相处时,要让彼此的关系随着时间的增长变得更有价值,而非纠结于过去。不管过去付出多少,得到多少,那都过去了,一笔勾销了，向前走才有光明，很多人走不出这样的误区，持续活在过去的伤害里，直到生命力耗尽，了无生气。

想要感情长久，只有一个前提，那就是像瑞贝卡一样，成为他人的充电器，必须持续地、不断地贡献自己的价值，让自己有用，永远以利他作为幸福的准则来执行，让自己能够在他人需要的时候，出手相助，提携他；在他心灵干涸的时候，能够滋养他、呵护他；在他需要被托起的时候，支持他、成就他，并真心实意地爱他，愿意把自己内在的美好和强大源源不断地释放出来，陪伴他。他的回报就是源源不断回流的爱，同样滋养你，让你成为心灵的巨人，这样的一个恋爱关系才是一个健康有序的关系，而且这样的关系才能保持一种基本的平衡。

所以离开了这种平衡，任何一段关系都无法走进一个美妙的未来。很多起初美好的爱情会因为一点小事出现断断续续的波动，我开心的时候对你好，不开心的时候对你不理不睬，甚至恶言相向，这样的感情注定无法长久。任何事情都一样，都需要持续不断地付出，不断地给予，你的回报才是稳定的、持续的，只有付出爱的汗水，你才能收获幸福。

定位是爱之玫瑰盛开的土壤，付出自身的价值是浇灌幸福成长的泉水。你做到了这些你就会拥有长远的幸福。

瑞贝卡的故事让我们看到,定位对一个人来说是幸福大厦的根基,没有定位一定会没有未来,而且未来会走得坎坷、艰难、不确定,那么有了定位人生就牢牢地握在她自己的手中,她的地盘她做主,她命由她不由天,她非常清楚自己的价值所在,对此也很自信,她可以轻轻松松地撬动一个男人的未来,她能百分之百地确定自己的价值在人生的哪个点上会释放到极致,用什么样的杀手锏撼动对方的心门,从此以后他就是那个要把你娶回家的人。

每一个女人都是断翅的天使,只有找对另一半,生命才会重新展翅翱翔,而定位与婚商大系统就是为你的甜蜜旅程安上的两个幸福的翅膀,从此为每一个女人、每一个家庭的幸福保驾护航,这是每一个家庭的必修课。

定位：心灵匹配

每个人灵魂深处都深藏一份不为人知的伤痛，存储一切过去的记忆，在合适的土壤，莫名的伤痛便被激活，撕扯着灵魂深处悲伤的故事，直至把你拉入万劫不复的深渊，生命便如跌进了沙漏，动力全无……

我们如此渴望沐浴在爱中，想时刻拥抱欢乐，为了所爱之人拼尽全力去奋斗，不惜精疲力竭。我们想活得绽放、活得喜悦、活得酣畅、活得无拘无束，期待在滚滚红尘中拥有极高的智慧与行动力，毫不费力地做事，拥有富足与幸福，希望拥抱爱，与命中注定的那一位活出全然的喜悦，全然地绽放与觉醒！祈求梦想照进现实……

Better系列 读者调查

感谢您参加《婚商——定位,幸福扑面而来》读者调查活动,传真或邮寄此页(附购书小票)回编辑部,即可获得神秘礼品一份(数量有限,赠完为止)。参加此次活动者还将通过邮件不定期收到Better系列的最新出版信息,敬请期待!

Step1 您的基本资料

姓名:_____ 性别:□女 □男

年龄:□20岁及以下 □20-30岁 □30-40岁 □40-50岁 □50-60岁

电话:_____ E-mail:_____

学历:□高中(含以下) □大学 □研究生(含以上)

职业:□学生 □教师 □公司职员 □机关 □事业单位 □媒体 □自由职业

Step2 您对本书的评价

您从哪里得知本书的信息:

□书店 □报纸 □杂志 □电视 □网络 □亲友介绍 □工作坊 □瑜伽馆 □其他

读完这本书您觉得:

内容:□很吸引人 □还好 □枯燥(请说明原因)_____ □您的建议_____

封面设计:□够酷 □还好 □没注意 □不好(请说明原因)_____

□您的建议_____

价格:□偏低 □合适 □能接受 □偏高 □您的建议_____

Step3 您的建议

您喜欢哪种类型的书籍:

□经管 □心理 □励志 □社会人文 □传记 □艺术 □文学 □保健 □漫画
□自然科学 其他_____(请补充)

您不喜欢哪种类型的书籍:

□经管 □心理 □励志 □社会人文 □传记 □艺术 □文学 □保健 □漫画
□自然科学 其他_____(请补充)

您给编辑的建议:_____

华夏出版社地址: 北京市东直门外香河园北里4号 **Better**编辑部
邮编: 100028   传真: (010)64662584

Better编辑部 博 客: http://blog.sina.com.cn/betterbookbetterlife
           微 博: http://weibo.com/1617597092

请延虚线剪下装订寄回,谢谢!